Einstern
leicht gemacht

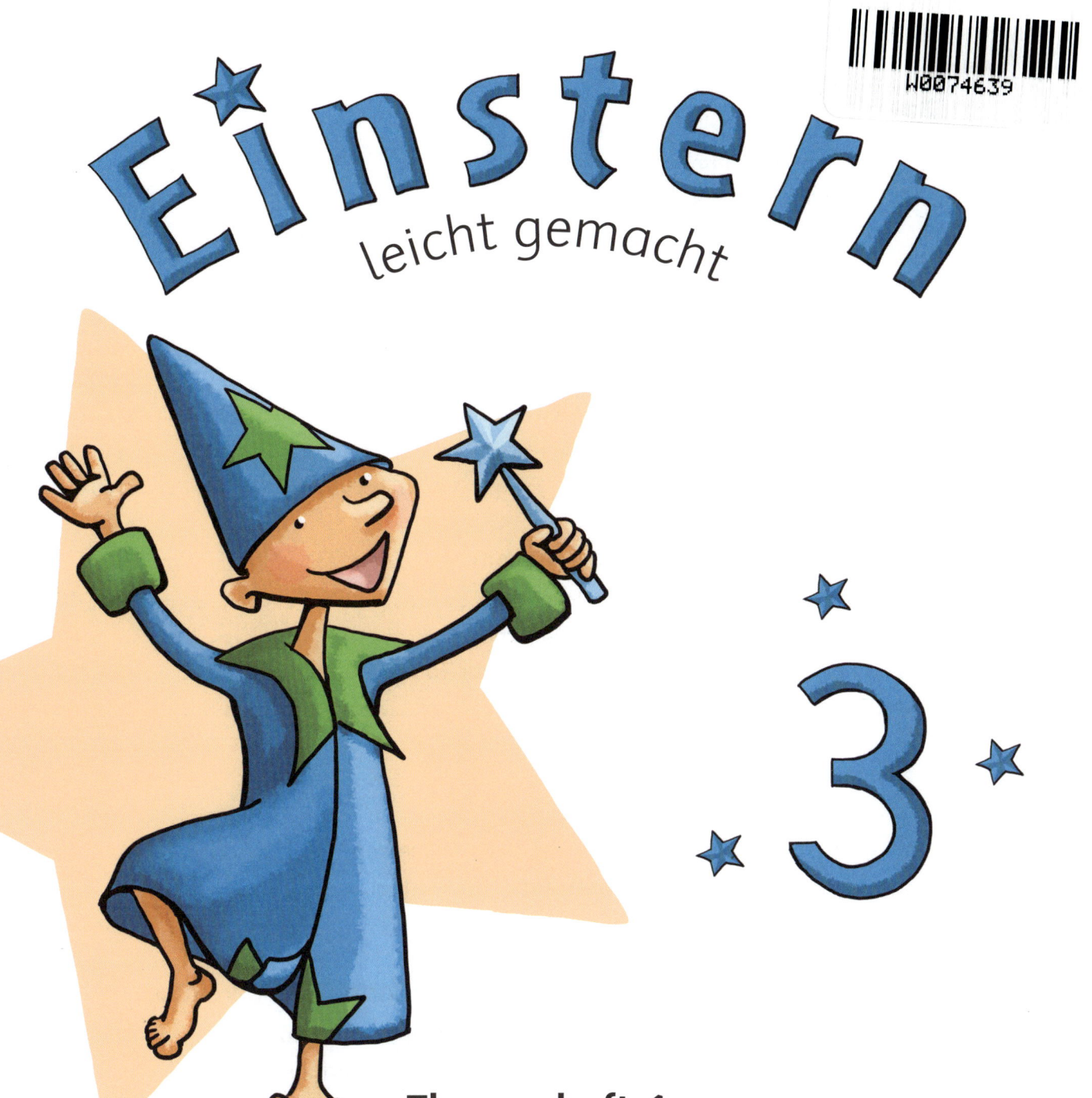

3

Themenheft 1

★ Die Zahlen bis 1 000
★ Addition und Subtraktion im Zahlenraum bis 1 000
★ Achsensymmetrie

Erarbeitet von Roland Bauer und Jutta Maurach

In Zusammenarbeit mit der Redaktion Mathematik Grundschule

Cornelsen

Inhaltsverzeichnis

LO LA 963

1000 Holzperlen

Würzburg	237 km
Frankfurt	222 km
Kassel	34 km

3
2
1
E

Tragfähigkeit 940 kg oder 12 Personen

P 400 m

160

800 Teile

112

500 g

300 m

480 €

PARIS

3 Tage Paris ab 350 € p.P.

F-Kalbach
Würzburg
Offenbach
661 Frankfurt

Bad Homburg
Frankf. Kreuz
Kassel
661

Lade 340 g

🔁 1 Besprich mit einem anderen Kind, was diese Zahlen bedeuten.

🔁 2 Suche große Zahlen.

a) Suche in deiner Umgebung, in Katalogen, Zeitungen oder im Internet weitere Abbildungen mit großen Zahlen. Du kannst auch fotografieren.
Besprich mit einem anderen Kind, was die Zahlen bedeuten.

b) Zeichne oder klebe die Bilder in dein Heft.
Du kannst auch mit anderen Kindern ein Plakat gestalten.

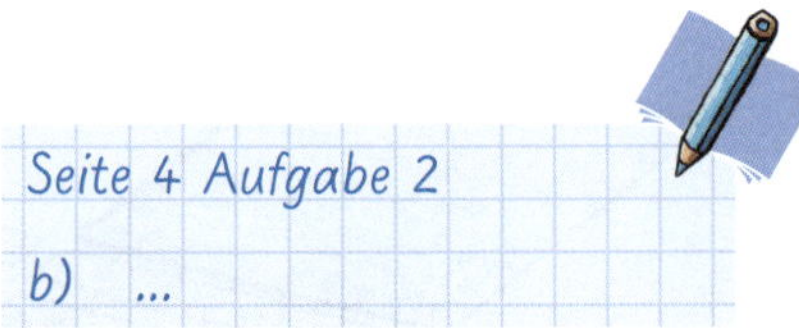

Seite 4 Aufgabe 2
b) ...

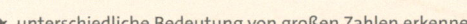

★ unterschiedliche Bedeutung von großen Zahlen erkennen
★ SF: Beispiele für große Zahlen im Alltag finden und präsentieren
★ MK: unterschiedliche Medien nutzen, Plakat gestalten

In jedem Eierkarton sind 10 Eier.

1 Finde heraus, wie die Bäuerin die Eier verschickt.

a)
In einer Kiste sind ☐ Eierkartons.
In einer Kiste sind ☐ Eier.

b)
Auf einer Palette sind ☐ Kisten.
Auf einer Palette sind ☐ Eierkartons.
Auf einer Palette sind ☐ Eier.

c) Tausche dich mit einem anderen Kind aus, wie man die Anzahl der Eier auf der Palette bestimmen kann.

2 Bestimme jeweils die Anzahl der Kisten, Eierkartons und Eier.

	Kisten	Kartons	Eier
a)		4	
b)			
c)			
d)			
e)			

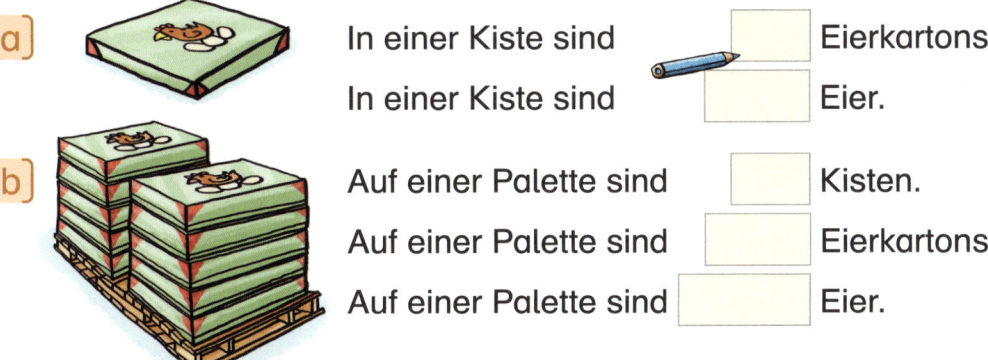

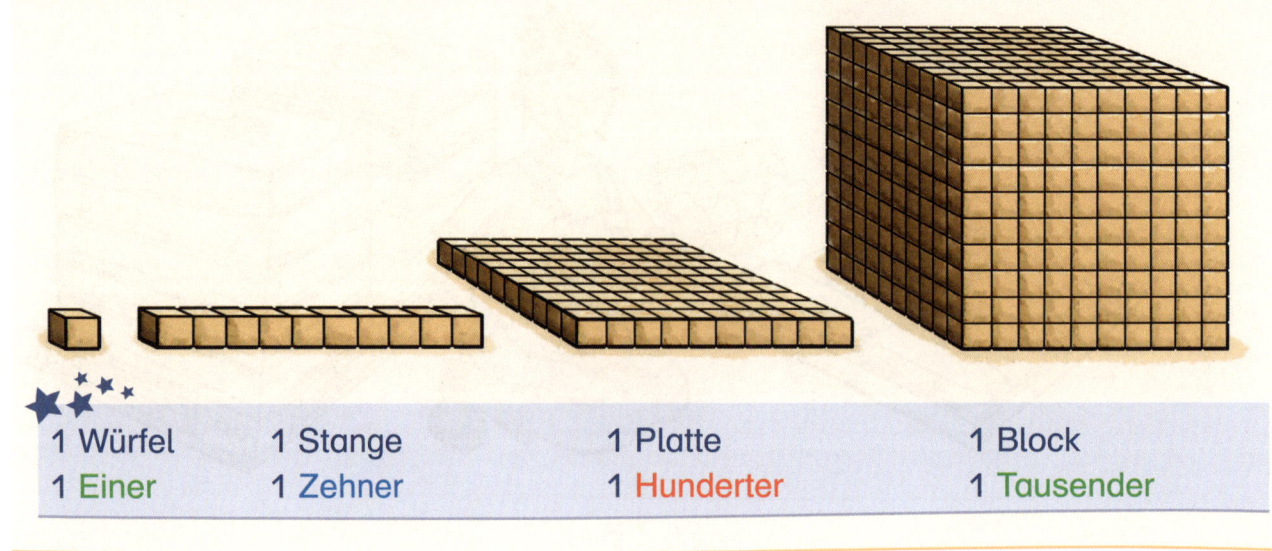

1 Würfel	1 Stange	1 Platte	1 Block
1 Einer	1 Zehner	1 Hunderter	1 Tausender

1 Betrachte den Zusammenhang zwischen Würfel, Stange, Platte und Block.

a Ein Block hat [____] Platten.

b Eine Platte hat [____] Stangen.

Ein Block hat [____] Stangen.

c Eine Stange hat [____] Würfel.

Eine Platte hat [____] Würfel.

Ein Block hat [____] Würfel.

2 Was fällt dir bei den Ergebnissen von Aufgabe **1** auf?
Sprich mit einem anderen Kind darüber.

3 Bestimme die Anzahl
der kleinen Würfel.

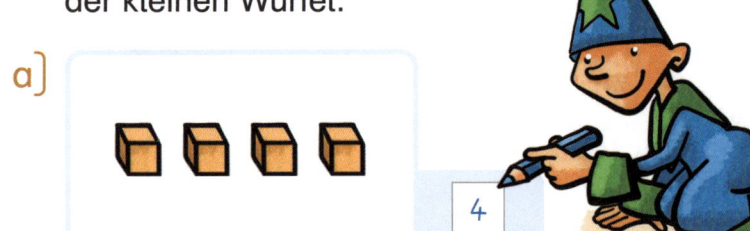

a) [4]

b) [____]

c) [____]

★ Struktur des Zehnersystems erkennen und nutzen
★ Erkenntnisse bei der Bestimmung der Anzahl von Einzelwürfeln nutzen und übertragen

1 Lege mit Hundertern, Zehnern und Einern eine Zahl.
Ein anderes Kind bestimmt die Zahl und notiert sie in der Stellentafel.
Wechselt die Rollen.

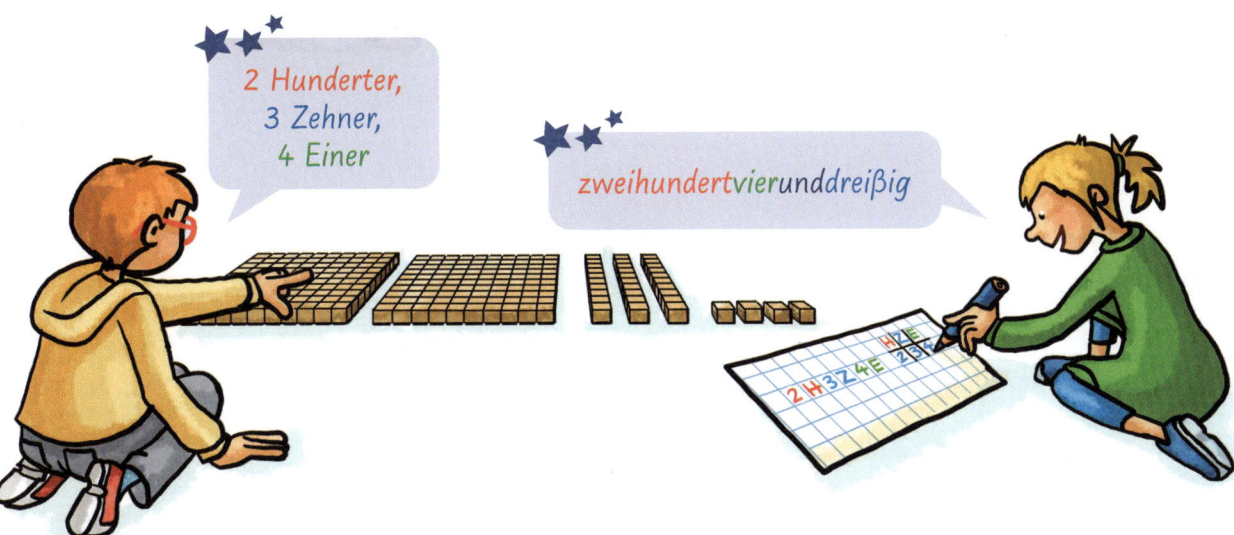

2 Bestimme für jedes Bild die Anzahl der Hunderter, Zehner und Einer.
Übertrage deine Ergebnisse in eine Stellentafel.

a)

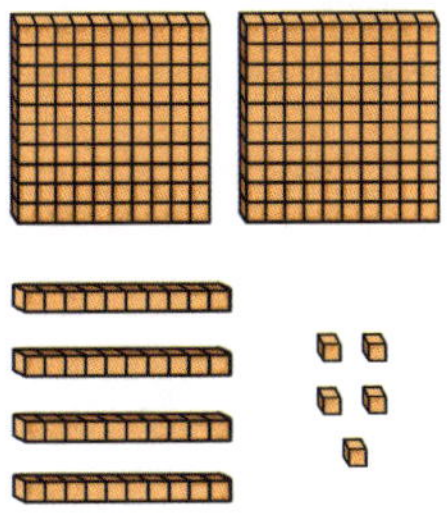

	2	Hunderter
	4	Zehner
	5	Einer

H	Z	E

b)

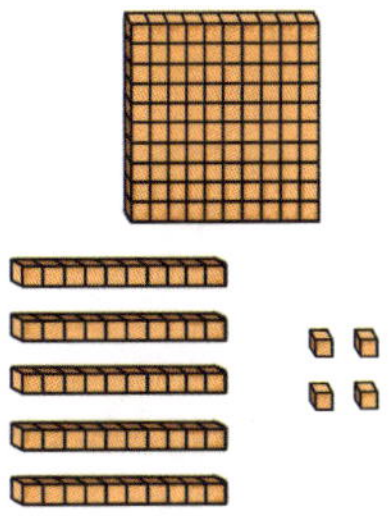

| Hunderter |
| Zehner |
| Einer |

H	Z	E

c)

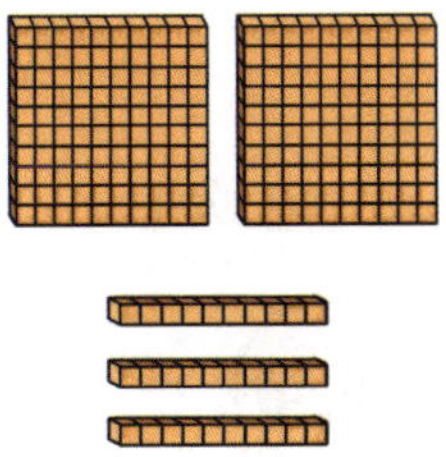

| Hunderter |
| Zehner |
| Einer |

H	Z	E

d)

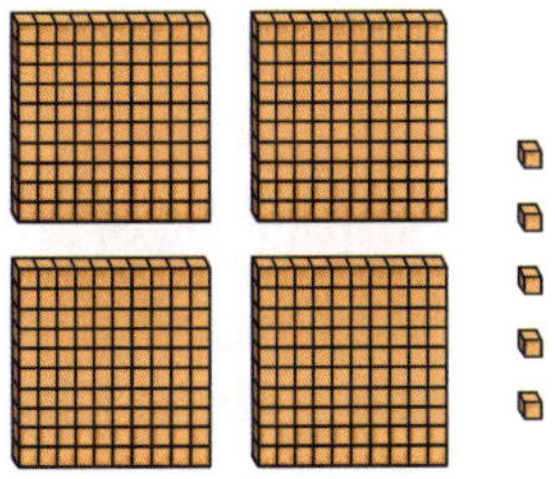

| Hunderter |
| Zehner |
| Einer |

H	Z	E

★ SF: Zahlen mit Hundertern, Zehnern und Einern legen, notieren und benennen
★ bildlich dargestellte dreistellige Zahlen in Stellenschreibweise und in der Stellentafel
notieren

AH 4   B      7

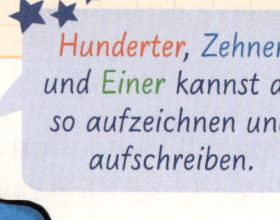

Hunderter, Zehner und Einer kannst du so aufzeichnen und aufschreiben.

1 Bestimme für jedes Bild die Anzahl der Hunderter, Zehner und Einer.
Verbinde Zahlenbild, Stellentafel und Zahl.

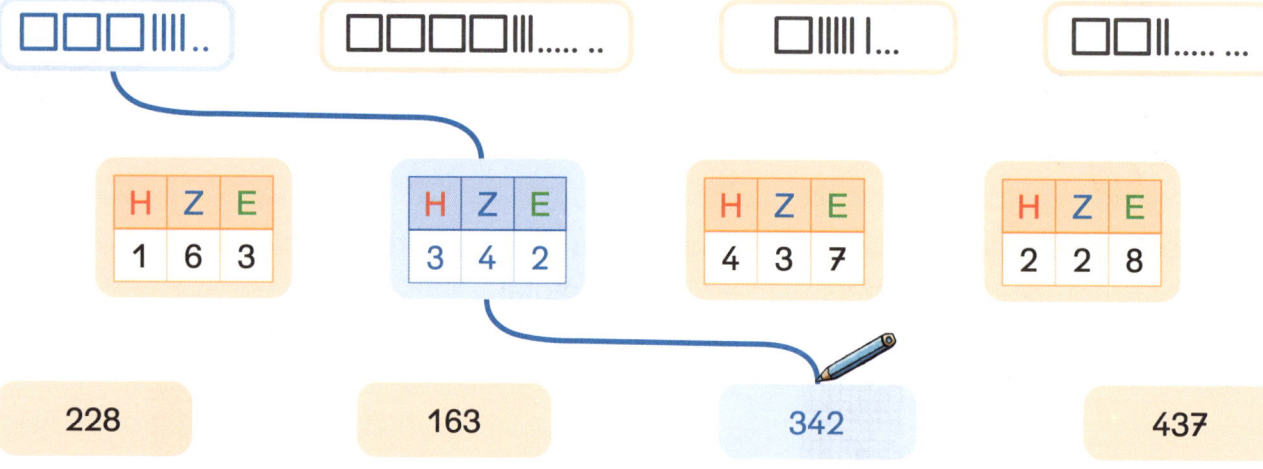

H	Z	E
1	6	3

H	Z	E
3	4	2

H	Z	E
4	3	7

H	Z	E
2	2	8

228   163   342   437

2 Zeichne die passenden Bilder.

a)

H	Z	E
1	3	5

135

□III.....

b)

H	Z	E
2	3	6

236

c)

H	Z	E
3	2	4

324

3 **Blitzgucken:** Suche dir ein anderes Kind. Lege verdeckt
eine Zahl mit Hundertern, Zehnern und Einern und zeige sie dann.
Zähle dabei langsam bis drei und verdecke sie
wieder. Das andere Kind nennt die gelegte Zahl.
Wechselt die Rollen.

1..., 2..., 3

236

4 Überlege mit einem anderen Kind, wie ihr die
Zahlen bei Aufgabe 3 legen müsst, damit ihr
sie schnell erkennen könnt.

B   ÜH 1

★ bildlich dargestellte dreistellige Zahlen mit passender Stellentafel und Zahl verbinden
★ in der Stellentafel und als Zahl vorgegebene Zahlen bildlich darstellen ★ bei einer mit
Mehrsystemmaterial gelegten Zahl einzelne Stellen erkennen und Zahl benennen

1 Suche dir ein anderes Kind.
Ein Kind gibt die Anzahl der Hunderter,
Zehner und Einer vor.
Das andere Kind legt
die Zahl und nennt sie.
Wechselt auch die Rollen.

3 Hunderter
1 Zehner
2 Einer

dreihundertzwölf

2 Erkenne in jedem Bild die Anzahl der Hunderter, Zehner und Einer.
Schreibe die Plusaufgabe dazu.

a)
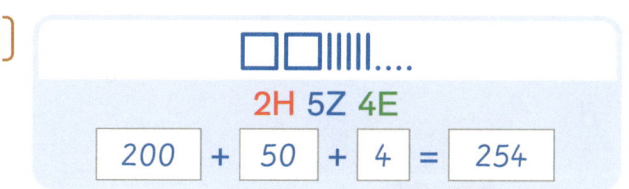
2H 5Z 4E
200 + 50 + 4 = 254

b)
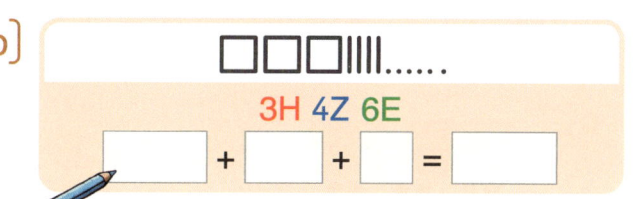
3H 4Z 6E
☐ + ☐ + ☐ = ☐

c)
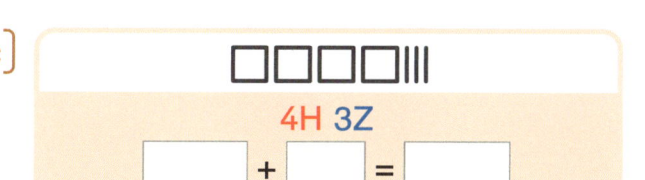
4H 3Z
☐ + ☐ = ☐

d)
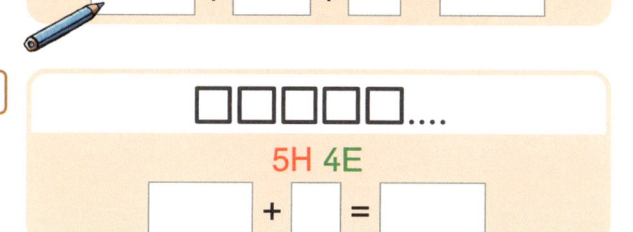
5H 4E
☐ + ☐ = ☐

3 Übertrage die Zahldarstellungen in Plusaufgaben.

a)
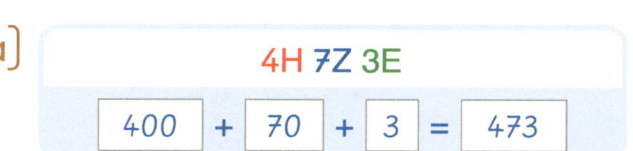
4H 7Z 3E
400 + 70 + 3 = 473

b)
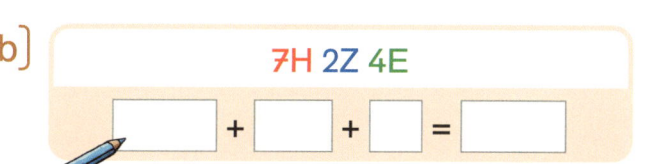
7H 2Z 4E
☐ + ☐ + ☐ = ☐

c)
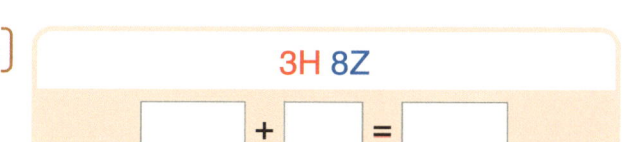
3H 8Z
☐ + ☐ = ☐

d)
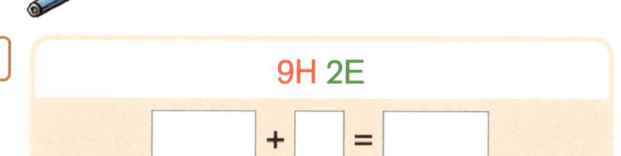
9H 2E
☐ + ☐ = ☐

4 Stelle die Zahlen als Plusaufgabe dar.

a)
821
800 + 20 + 1 = 821

b)
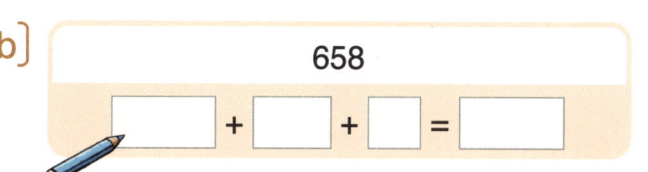
658
☐ + ☐ + ☐ = ☐

c)
540
☐ + ☐ = ☐

d)
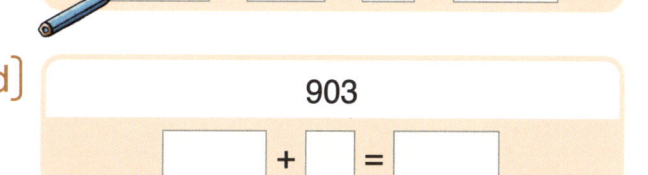
903
☐ + ☐ = ☐

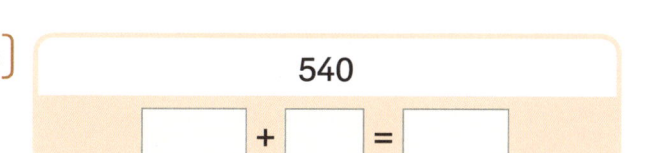

★ **SF:** Zahlen nach Angabe der Stellenwerte legen und benennen
★ in bildlichen Zahldarstellungen Stellenwerte erkennen und in Additionsaufgaben
übertragen ★ Stellenwerte und dreistellige Zahlen in Additionsaufgaben übertragen

 ÜH 2   AH 5   B   **9**

Ich habe die Zahl 462 mit Plättchen in der Stellentafel gelegt.

1 Schreibe die dargestellten Zahlen auf.

a)
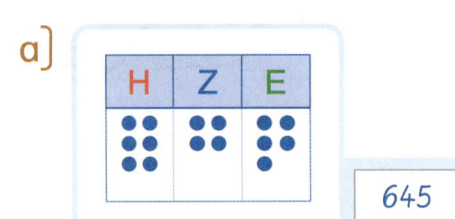
645

b)

c)

d)

2 Zeichne, wie du die Zahlen mit Plättchen darstellst.

a) 341
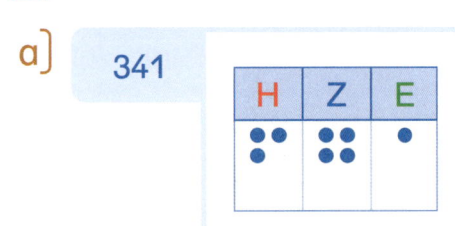

b) 517

c) 221
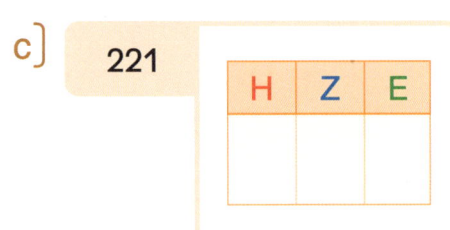

d) 402
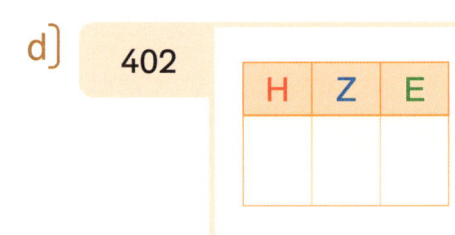

3 Wähle und notiere weitere Zahlen.
Zeichne, wie du deine Zahlen mit Plättchen darstellst.

a)
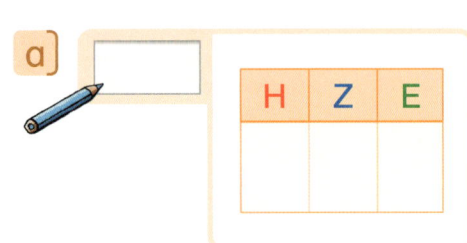

b)
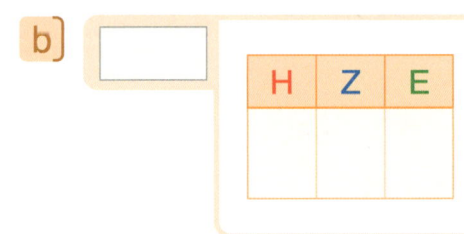

10   B

★ mit Plättchen in der Stellentafel dargestellte Zahlen erkennen und notieren
★ Zahlen mit Plättchen in der Stellentafel darstellen

1 Verändere die Zahl 457.
Zeichne und schreibe auf, welche Zahlen entstehen.

a Zeichne in jeder Stellentafel immer an einer anderen Stelle ein Plättchen dazu.

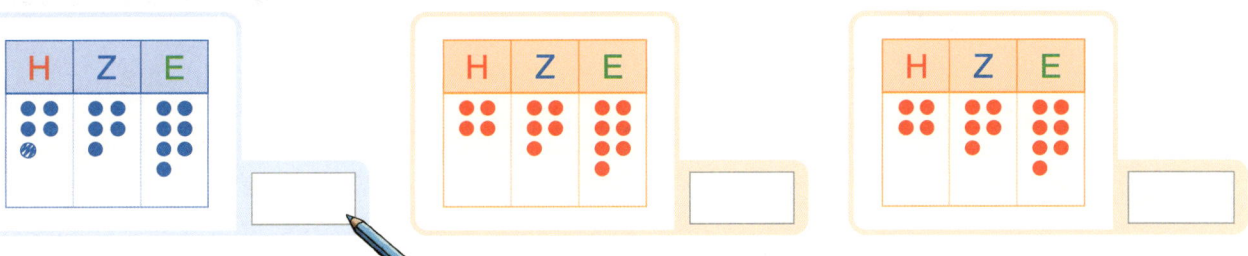

b Streiche in jeder Stellentafel immer an einer anderen Stelle ein Plättchen weg.

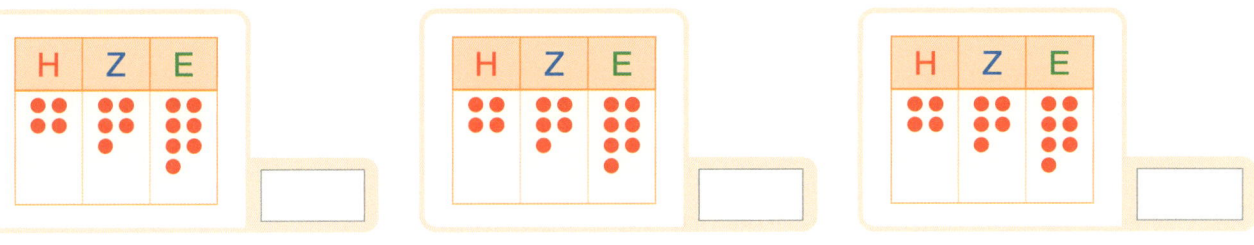

2 Notiere die dargestellte Zahl.
Schreibe auf, welche Zahl daraus
jeweils entsteht.

Ich nehme in der Hunderterspalte zwei Plättchen weg.
Maja

Ich lege in der Zehnerspalte zwei Plättchen dazu.
Janek

Ich verschiebe ein Plättchen aus der Einerspalte in die Hunderterspalte.
Max

Ich verschiebe zwei Plättchen aus der Zehnerspalte in die Einerspalte.
Lena

1 Wie viele Steckwürfel passen in deine Brotdose?

a) Schätze und schreibe dein Ergebnis auf.

erste Schätzung:

b) Reinige deine Brotdose und lege die Bodenfläche mit Steckwürfeln aus.
Schätze jetzt nochmal und schreibe dein Ergebnis auf.

zweite Schätzung:

c) Fülle die Dose ganz mit Steckwürfeln. Zähle sie dabei.

genaue Zahl:

d) Dieses Vorgehen kannst du auch mit anderen Gegenständen erproben.

2 Wie viele Sonnenblumenkerne hat die Sonnenblume?
Schätze und schreibe dein Ergebnis auf.
Beachte dabei Einsterns Hinweis.

Das sind 50 Kerne.

Ich schätze: Kerne.

3 Wie viele Perlen passen etwa in den Glasbehälter?
Schätze und schreibe dein Ergebnis auf.

Ich schätze: Perlen.

4 Vergleiche deine Vorgehensweise bei den Aufgaben **2** und **3**
mit der Vorgehensweise eines anderen Kindes. Begründe dein Vorgehen.

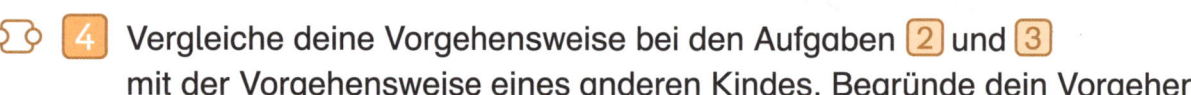

* Anzahlen schätzen und bestimmen
* SF: Strategien beim Schätzen entwickeln und vergleichen

Zahlen lesen und schreiben

Dreihundert und vierzig und fünf
sind dreihundertfünfundvierzig.

300
40
5

345

| einhundert | zweihundert | dreihundert | vierhundert | fünfhundert |
| sechshundert | siebenhundert | achthundert | neunhundert |

zehn · zwanzig · dreißig · vierzig · fünfzig

sechzig · siebzig · achtzig · neunzig

eins · zwei · drei · vier · fünf · sechs · sieben · acht · neun

---

1 Verbinde Zahl und Zahlwort.

463 — vierhundertdreiundsechzig

837

950 — achthundertsiebenunddreißig

neunhundertfünfzig

671 — fünfhundertacht

508 — einhundertvierundneunzig

194 — sechshunderteinundsiebzig

---

2 Schreibe die Zahlwörter als Zahlen.

a) fünfhundertsechsundzwanzig   526   b) vierhundertzweiunddreißig [ ]

c) zweihundertvier [ ]   d) dreihundertneunzig [ ]

e) siebenhundertsiebenundvierzig [ ]   f) achthundertfünfundsechzig [ ]

---

3 Schreibe die Zahlen als Zahlwörter.
Bitte ein anderes Kind, die Zahlwörter zu kontrollieren.

a) 234 *zweihundertvierunddreißig* _____

b) 520 _____

c) 601 _____

1	2	3	4	5	6	7	8	9	10
11	12	13	14	15	16	17	18	19	20
21	22	23	24	25	26	27	28	29	30
31	32	33	34	35	36	37	38	39	40
41	42	43	44	45	46	47	48	49	50
51	52	53	54	55	56	57	58	59	60
61	62	63	64	65	66	67	68	69	70
71	72	73	74	75	76	77	78	79	80
81	82	83	84	85	86	87	88	89	90
91	92	93	94	95	96	97	98	99	100

101	102	103	104	105	106	107	108	109	110
131	132	133	134	135	136	137	138	139	140
151	152	153	154	155	156	157	158	159	160
191	192	193	194	195	196	197	198	199	200

201				205			208		
211				215			218		
221				225			228		
231				235			238		
241				245			248		
251				255			258		
261				265			268		
271				275			278		
281				285			288		
291				295			298		

501	502	503	504	505	506	507	508	509	510
511	512	513	514	515	516	517	518	519	520
521	522	523	524	525	526	527	528	529	530
531	532	533	534	535	536	537	538	539	540
541	542	543	544	545	546	547	548	549	550
551	552	553	554	555	556	557	558	559	560
561	562	563	564	565	566	567	568	569	570
571	572	573	574	575	576	577	578	579	580
581	582	583	584	585	586	587	588	589	590
591	592	593	594	595	596	597	598	599	600

601	602	603	604	605	606	607	608	609	610
631	632	633	634	635	636	637	638	639	640
651	652	653	654	655	656	657	658	659	660
691	692	693	694	695	696	697	698	699	700

701				705			708		
711				715			718		
721				725			728		
731				735			738		
741				745			748		
751				755			758		
761				765			768		
771				775			778		
781				785			788		
791				795			798		

1 Suche die Zahlen in der Tausendertafel oben und unterstreiche sie.

a) Markiere alle Hunderterzahlen rot.

b) Markiere alle Zahlen, die in der Zeile rechts neben 101 stehen, gelb.

c) Markiere alle Zahlen, die in der Zeile links neben 610 stehen, gelb.

d) Markiere alle Zahlen, die in der Spalte unter 205 stehen, blau.

e) Markiere alle Zahlen, die in der Spalte über 795 stehen, blau.

2 Schau dir an, wie die einzelnen Zahlen in der Tausendertafel angeordnet sind.
Betrachte • die einzelnen Zeilen, • die einzelnen Spalten, • die einzelnen Hundertertafeln.

Sprich mit einem anderen Kind darüber, was dir auffällt.

★ Aufbau und Struktur der Tausendertafel verstehen und nutzen
★ SF: Aufbau und Struktur der Tausendertafel beschreiben

									310
312								319	
	323						328		
		334				337			
			345	346					
			355	356					
		364				367			
	373						378		
382								389	
									400

401									410
491									500

									810
812								819	
	823						828		
		834				837			
			845	846					
			855	856					
		864				867			
	873						878		
882								889	
									900

901									910
991									1000

*Zehn Hundertertafeln sind eine **Tausendertafel**.*

tausend

---

3 Bestimme die Zahlen und schreibe sie auf.

a) Direkt unter 312 steht 322 .

b) Direkt über 828 steht ☐.

c) Direkt rechts von 491 steht ☐.

d) Direkt links von 910 steht ☐.

e) An der gleichen Stelle wie 873 steht in der Hundertertafel rechts daneben ☐.

f) An der gleichen Stelle wie 500 steht in der Hundertertafel links daneben ☐.

 4 Stelle einem anderen Kind Fragen zur Tausendertafel. Wechselt die Rollen.

Welche Zahl steht 2 Kästchen rechts von 901?

903

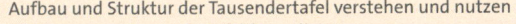

1 Bestimme die Zahlen, an deren Stellen Zeichen stehen.

401	402	403	404	405	406	407	408	409	410
▲	412								
▲		■	■	■	■	427			
▲									440
▲							448		
				455					
	462				■	■	■	■	▲
								479	▲
			484						▲
							498		▲

■ ____ 423, ____

■ _____

▲ _____

▲ _____

eine Hundertertafel

2 Bestimme die Zahlen, an deren Stellen Buchstaben stehen.

	A								
									B
	722		C					729	
		D							
E			744	745	746	747			
	F		754	755	756	757			G
					H				
	772							779	
				I					
								J	

A	702	B	
C		D	
E		F	
G		H	
I		J	

★ Kenntnisse über Aufbau und Struktur der Tausendertafel beim Bestimmen einzelner Zahlen anwenden

eine **Hundertertafel** – ein Ausschnitt aus der **Tausendertafel**

501	502	503	504	505	506	507	508	509	510
511	512	513	514	515	516	517	518	519	520
521	522	523	524	525	526	527	528	529	530
531	532	533	534	535	536	537	538	539	540
541	542	543	544	545	546	547	548	549	550
551	552	553	554	555	556	557	558	559	560
561	562	563	564	565	566	567	568	569	570
571	572	573	574	575	576	577	578	579	580
581	582	583	584	585	586	587	588	589	590
591	592	593	594	595	596	597	598	599	600

1 Suche die Zahlen in der abgebildeten Hundertertafel und schreibe sie auf.

a) **alle Zahlen, die 3 Einer haben**

503, 513,

b) **alle Zahlen, die 5 Zehner haben**

2 Bestimme die Anzahlen und schreibe sie auf.
Du kannst auch auf die Seiten 14 und 15 schauen.

a) **Anzahl von Zahlen mit 8 Zehnern in einer Hundertertafel**

b) **Anzahl von Zahlen mit 8 Zehnern in der Tausendertafel**

c) **Anzahl von Zahlen mit 6 Einern in einer Hundertertafel**

d) **Anzahl von Zahlen mit 6 Einern in der Tausendertafel**

3 Löse die Zahlenrätsel.

Bei meinen Zahlen sind Hunderter, Zehner und Einer jeweils gleich.

Meine Zahlen haben 7 Hunderter, 3 Einer und jeweils unterschiedliche Zehnerzahlen.

★ Kenntnisse über Aufbau und Struktur der Tausendertafel beim Bestimmen von Zahlen mit vorgegebenen Eigenschaften nutzen ★ Kenntnisse über Aufbau und Struktur der Tausendertafel beim Lösen von Zahlenrätseln nutzen

17

Das ist ein Ausschnitt aus dem **Zahlenstrahl.**

246

210 220 230 240 250 260 270 280 290 300 310

1 Trage die markierten Zahlen ein.

a) 70
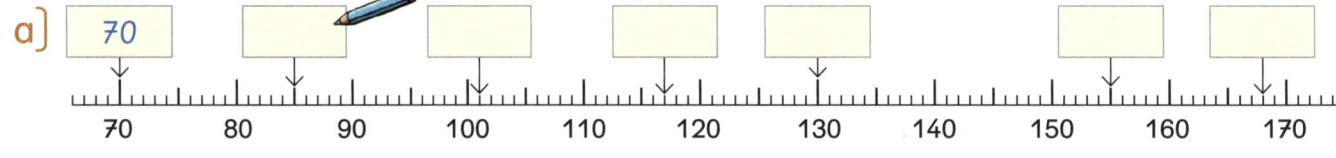

70 80 90 100 110 120 130 140 150 160 170

b)
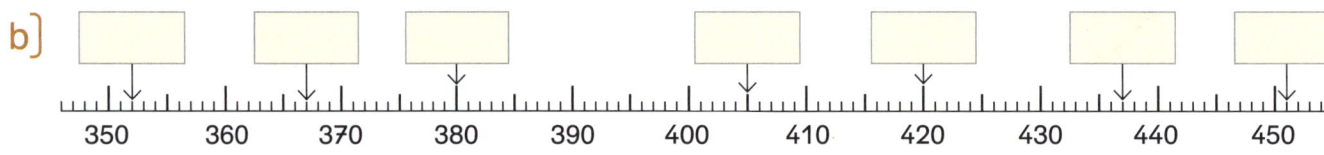

350 360 370 380 390 400 410 420 430 440 450

c)
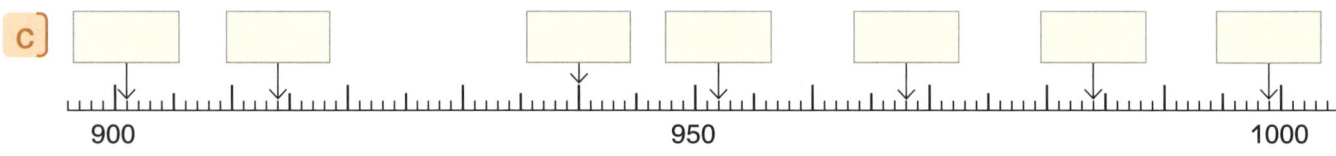

900   950   1000

d)
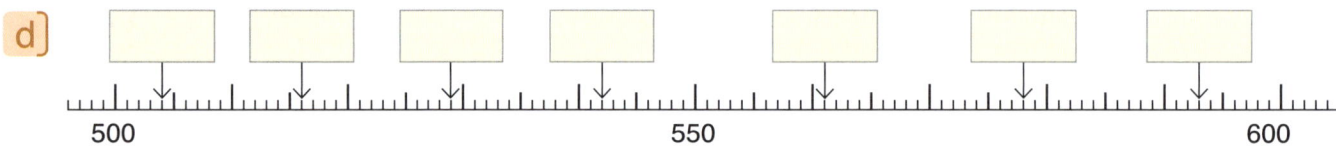

500   550   600

2 Überlege, welche Zahlen markiert sind. Trage sie ein.

a)
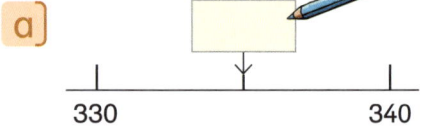

330   340

b)
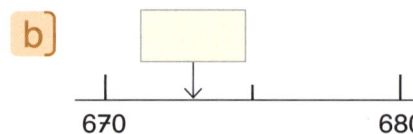

670   680

c)
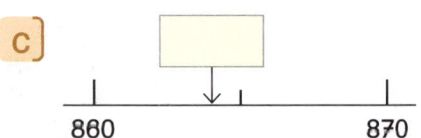

860   870

d)
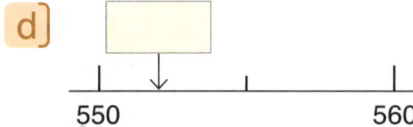

550   560

e)
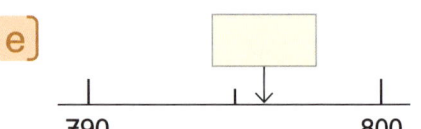

790   800

f)

990   1000

★ Zahlen am Zahlenstrahl ablesen
★ Zehner- und Fünfermarkierungen verstehen und nutzen
★ am Zahlenstrich dargestellte Zahlen ermitteln

1 Trage die Nachbarzehner ein.

a) 345
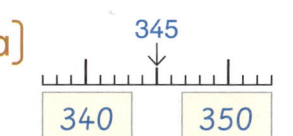
340   350

b) 767
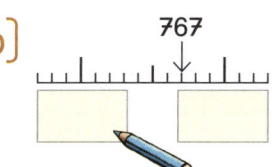

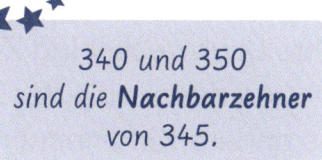
340 und 350 sind die **Nachbarzehner** von 345.

c) 348
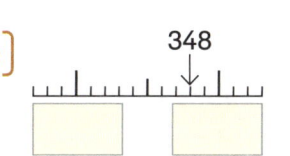

d) 401
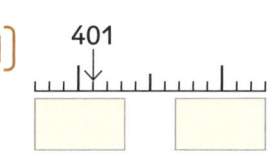

e) 996
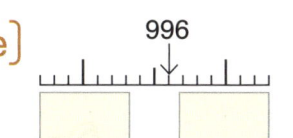

f) 86
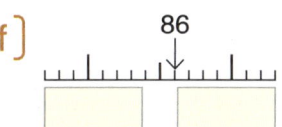

300 und 400 sind die **Nachbarhunderter** von 345.

2 Trage die Nachbarhunderter ein.

a)
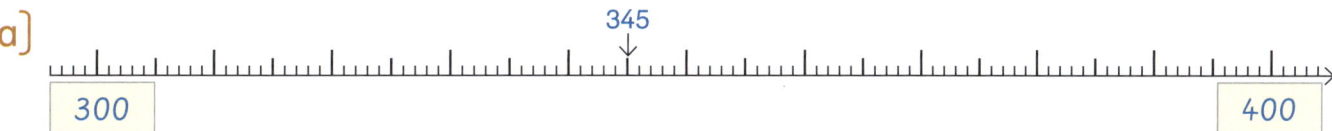
300   345   400

b) 667

c) 832
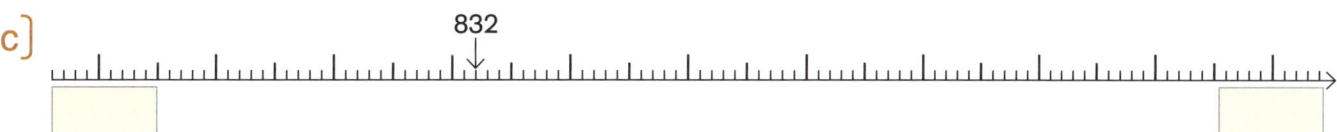

d) 587
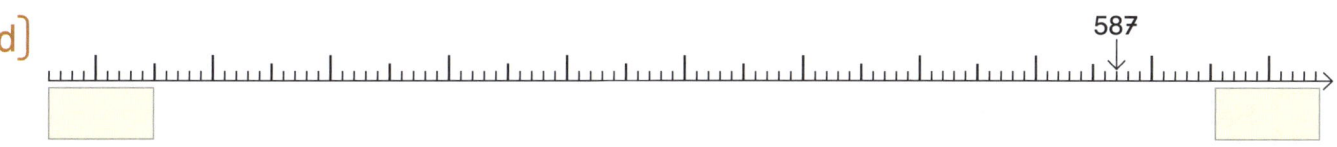

e) 754
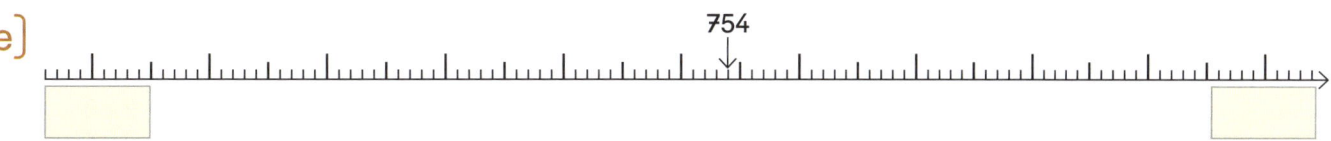

1 Suche dir ein anderes Kind.
Schreibt abwechselnd Zahlen zwischen 100 und 1000 auf.
Ein Kind nennt zu jeder Zahl Vorgänger, Nachfolger und die Nachbarzehner.
Das andere Kind nennt die Nachbarhunderter.
Wechselt euch ab.

Vorgänger und *Nachfolger* sind 237 und 239.
Die *Nachbarzehner* sind 230 und 240.

Die *Nachbarhunderter* sind 200 und 300.

200   238   300

226	227	228	229	230
236	237	238	239	240
246	247	248	249	250

238

2 Bestimme Vorgänger und Nachfolger.

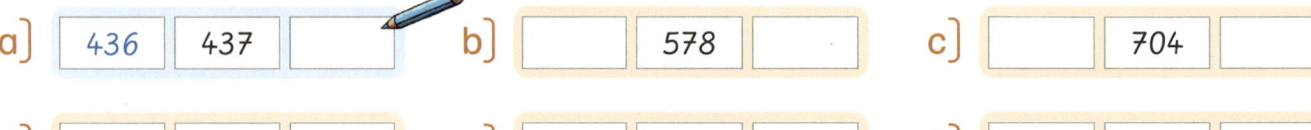

a) 436 | 437 | b) | 578 | c) | 704 |

d) | 289 | e) | 399 | f) | 800 |

3 Bestimme die Nachbarzehner.

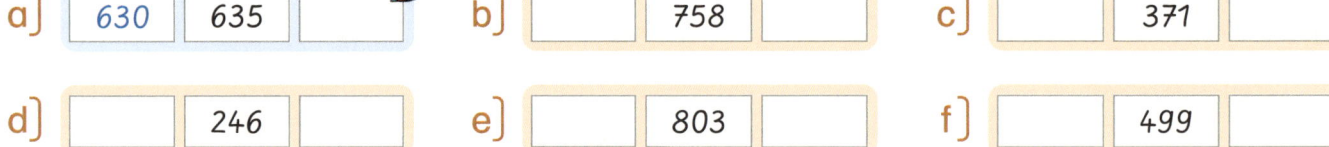

a) 630 | 635 | b) | 758 | c) | 371 |

d) | 246 | e) | 803 | f) | 499 |

4 Bestimme die Nachbarhunderter.

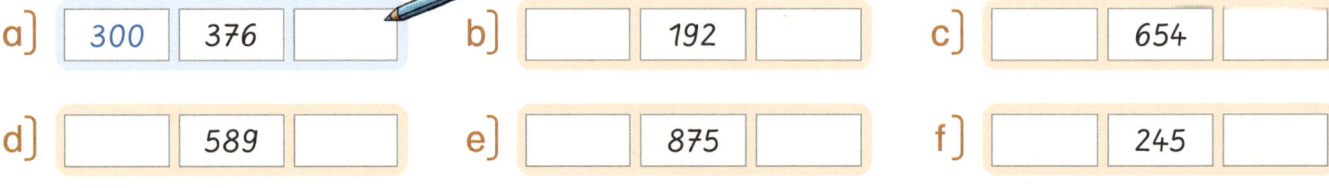

a) 300 | 376 | b) | 192 | c) | 654 |

d) | 589 | e) | 875 | f) | 245 |

★ Vorgänger, Nachfolger, Nachbarzehner und Nachbarhunderter bestimmen

 1 Suche dir ein anderes Kind.
Schreibt beide eine dreistellige Zahl auf einen Zettel.
Vergleicht die Zahlen.
Verwendet die Zeichen <, > und =.

< ist kleiner als
> ist größer als
= ist gleich

2 Setze die Zeichen <, > oder = passend ein.

a) 458 (<) 758

399 ( ) 299

873 ( ) 973

b) 417 ( ) 417

732 ( ) 724

645 ( ) 654

c) 203 ( ) 302

542 ( ) 524

123 ( ) 213

3 Setze passende Zahlen ein.

a) 903 < ▢

742 < ▢

237 < ▢

b) 148 > ▢

802 > ▢

586 > ▢

c) 452 = ▢

635 = ▢

69 = ▢

4 Setze passende Zahlen ein. Finde drei verschiedene Lösungen.

a) 512 < ▢

512 < ▢

512 < ▢

b) 148 > ▢

148 > ▢

148 > ▢

c) 791 > ▢

791 > ▢

791 > ▢

5 Ordne die Zahlen der Größe nach.

a) Beginne mit der kleinsten Zahl.

312   203   302   321

203 < ▢ < ▢ < ▢

b) Beginne mit der größten Zahl.

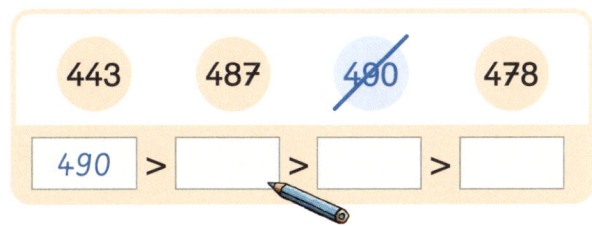

443   487   490   478

490 > ▢ > ▢ > ▢

★ Zahlen vergleichen und passende Relationszeichen einsetzen
★ zu vorgegebenen Ungleichungen passende Zahlen finden
★ Zahlen der Größe nach ordnen

ÜH 7   AH 8   **21**

1 Suche dir ein anderes Kind. Wählt eine Zahl zwischen 100 und 1000 aus. Bestimmt, wie ihr zählen wollt: vorwärts oder rückwärts, in Einer-, Zehner- oder Hunderterschritten. Zählt abwechselnd. Wählt dann eine neue Startzahl.

2 Setze die Zahlenfolgen fort. Zähle vorwärts.

a) | 294 | 295 | 296 | 297 | | | | | | 303 |

b) | 736 | 746 | 756 | | | | | | | 826 |

c) | 97 | 197 | 297 | | | | | | | 997 |

3 Setze die Zahlenfolgen fort. Zähle rückwärts.

a) | 406 | 405 | 404 | | | | | | | 397 |

b) | 542 | 532 | 522 | | | | | | | 452 |

c) | 903 | 803 | 703 | | | | | | | 3 |

4 Ergänze die Zahlenfolgen.

a) | | | | 597 | 598 | 599 | | | | |

b) | | | | 719 | 729 | 739 | | | | |

c) | | | | 311 | 411 | 511 | | | | |

 AH 9    ÜH 8    D 6

★ Zahlenfolgen mit verschiedenen Schrittfolgen vorwärts und rückwärts bilden
★ Zahlenfolgen mit verschiedenen Schrittfolgen vorwärts und rückwärts ergänzen

1 Ergänze die Zahlenfolgen.
Überlege zuerst, wie du von einer Zahl zur nächsten kommst.

a)

(+2) (+2)

| 492 | 494 | 496 | | | | | |

| 605 | 610 | 615 | | | | | |

| 327 | 347 | 367 | | | | | |

| 121 | 171 | 221 | | | | | |

b)

| 508 | 506 | 504 | | | | | |

| 835 | 830 | 825 | | | | | |

| 466 | 446 | 426 | | | | | |

| 862 | 812 | 762 | | | | |

★ **MK:** Schrittfolgen und Strukturen bei besonderen Zahlenfolgen erkennen und diese fortsetzen

1 Schreibe alle Zahlen auf, die du
mit diesen Ziffernkärtchen legen kannst.

`3` `5` `7`

a)
alle Zahlen zwischen 1 und 10

_3, 5,_ _____

_____

_____

b)
alle Zahlen zwischen 10 und 100

_____

_____

_____

c)
alle Zahlen zwischen 100 und 1000

_____

_____

_____

2 Untersuche die Zahlen aus Aufgabe **1** .
Notiere ...

_53 ist eine zweistellige Zahl.
Sie hat Zehner und Einer._

a) ... die größte
zweistellige Zahl.

b) ... die kleinste
dreistellige Zahl.

c) ... die Zahl,
die am nächsten bei
500 liegt.

d) ... die Zahl,
die am nächsten bei
100 liegt.

_735 ist eine dreistellige Zahl.
Sie hat Hunderter,
Zehner und Einer._

3 Du hast die folgenden drei Ziffernkärtchen:

`2` `4` `8`

Bilde daraus die gesuchten Zahlen und schreibe sie auf.

a) die kleinste
zweistellige Zahl

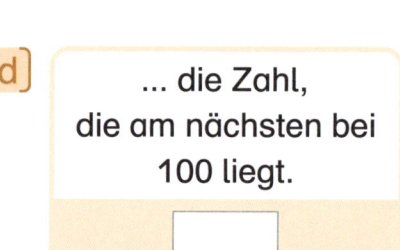

b) die größte
dreistellige Zahl

c) die Zahl,
die am nächsten bei
700 liegt

★ nach Vorgabe aus Ziffernkärtchen Zahlen bilden

1 Rechne im Kopf.

a] 46 + 30 = ☐

53 + 40 = ☐

35 + 50 = ☐

b] 59 − 40 = ☐

78 − 50 = ☐

81 − 20 = ☐

Das kannst du schon.

2 Finde und löse zuerst die kleine Aufgabe.

a] 2 + 7 = 9

42 + 7 = ☐

b] ☐ + ☐ = ☐

53 + 4 = ☐

c] ☐ + ☐ = ☐

61 + 5 = ☐

d] ☐ − ☐ = ☐

78 − 5 = ☐

e] ☐ − ☐ = ☐

39 − 9 = ☐

f] ☐ − ☐ = ☐

97 − 3 = ☐

3 Löse die Aufgaben. Schreibe deine Rechenschritte auf.

a] 62 + 26 = ☐

62 + ☐ = ☐

☐ + ☐ = ☐

b] 74 + 15 = ☐

☐ + ☐ = ☐

☐ + ☐ = ☐

c] 34 + 41 = ☐

☐ + ☐ = ☐

☐ + ☐ = ☐

d] 47 − 25 = ☐

☐ − ☐ = ☐

☐ − ☐ = ☐

e] 76 − 33 = ☐

☐ − ☐ = ☐

☐ − ☐ = ☐

f] 89 − 42 = ☐

☐ − ☐ = ☐

☐ − ☐ = ☐

4 Löse die Aufgaben. Rechne mit deinen Rechenschritten im Kopf.
Kontrolliere die Ergebnisse. Die Lösungszahlen findest du in den Sternen.

a] 32 + 43 = 75

21 + 27 = ☐

44 + 52 = ☐

b] 68 − 34 = ☐

46 − 21 = ☐

99 − 22 = ☐

25 34 48
75 77 96

★ Additions- und Subtraktionsaufgaben bis 100 lösen: mit Zehnerzahlen, mithilfe der kleinen
Aufgaben, in Schritten, im Kopf

 1 Suche dir ein anderes Kind.
Legt und löst Plusaufgaben mit Hunderterzahlen.

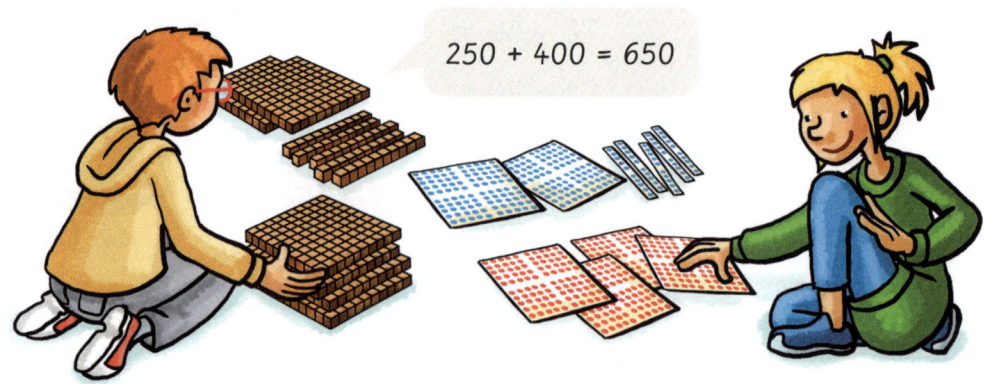

250 + 400 = 650

2 Schreibe zu den Bildern Plusaufgaben.

a)

$200 + 400 = 600$

b)
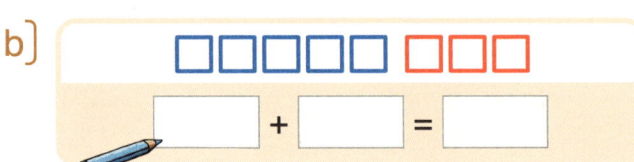

___ + ___ = ___

c)

___ + ___ = ___

d)

___ + ___ = ___

e)

___ + ___ = ___

f)
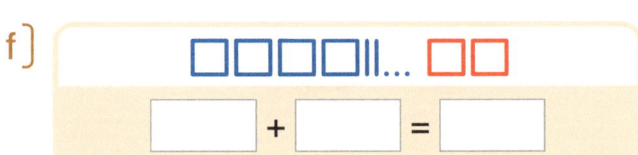

___ + ___ = ___

3 Zeichne Rechenbilder.
Beachte dabei die Lücke nach fünf Hundertern.

a)
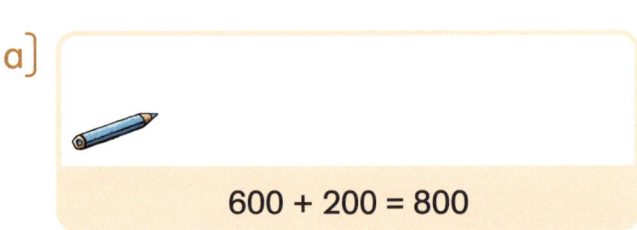

$600 + 200 = 800$

b)
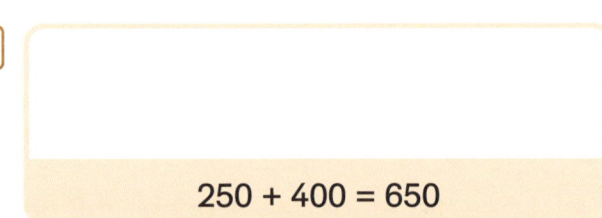

$250 + 400 = 650$

c)

$234 + 300 = 534$

 B  **AH** 10 **ÜH** 9

★ Additionsaufgaben mit Hundertern legen und lösen
★ Rechenbilder in Additionsaufgaben übertragen
★ Additionsaufgaben in Rechenbilder übertragen

$$245 + 50 = \square$$

40 + 50 = 90
45 + 50 = 95
245 + 50 = 295

$$324 + 260 = \square$$

20 + 60 = 80
24 + 60 = 84
324 + 60 = 384
324 + 260 = 584

Hier helfen mir die verwandten Aufgaben.

1 Löse die verwandten Aufgaben.

a) 30 + 40 = 70
36 + 40 = 76
536 + 40 = 576

b) 50 + 30 =
52 + 30 =
152 + 30 =

c) 40 + 20 =
47 + 20 =
647 + 20 =

2 Finde und löse zuerst die kleinen Aufgaben.

a) 50 + 20 = 70
58 + 20 = 78
758 + 20 =

b) ___ + ___ = ___
___ + ___ = ___
423 + 60 =

c) ___ + ___ = ___
___ + ___ = ___
521 + 30 =

3 Löse die verwandten Aufgaben.

a) 30 + 50 = 80
36 + 50 = 86
636 + 50 = 686
636 + 250 = 886

b) 50 + 40 =
57 + 40 =
257 + 40 =
257 + 340 =

c) 60 + 30 =
65 + 30 =
465 + 30 =
465 + 530 =

4 Finde und löse zuerst die kleinen Aufgaben.

a) 20 + 40 = 60
26 + 40 = 66
526 + 40 = 566
526 + 340 =

b) ___ + ___ = ___
___ + ___ = ___
___ + ___ = ___
435 + 250 =

c) ___ + ___ = ___
___ + ___ = ___
___ + ___ = ___
618 + 120 =

★ Additionsaufgaben mithilfe verwandter Aufgaben lösen
★ verwandte Aufgaben finden und als Rechenhilfe nutzen
★ MK: Strukturen erkennen und nutzen

1 Suche dir ein anderes Kind. Legt die Plusaufgaben wie Lea und Tim.

235 + 340

156 + 210

327 + 120

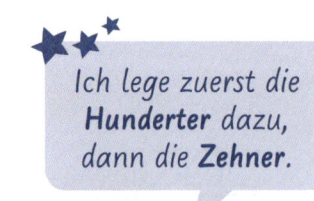

Ich lege zuerst die **Hunderter** dazu, dann die **Zehner**.

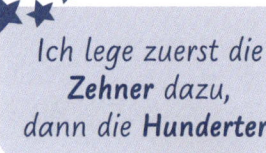

Ich lege zuerst die **Zehner** dazu, dann die **Hunderter**.

235 + 340

2 Rechne in Schritten.

a) Rechne wie Lea. Ergänze die Rechenschritte.

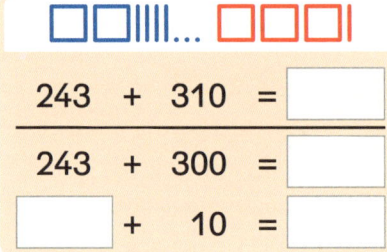

332	+	120	=	
332	+	100	=	432
432	+	20	=	452

243	+	310	=	
243	+	300	=	
	+	10	=	

224	+	140	=	
224	+	100	=	
	+	40	=	

b) Rechne wie Tim. Ergänze die Rechenschritte.

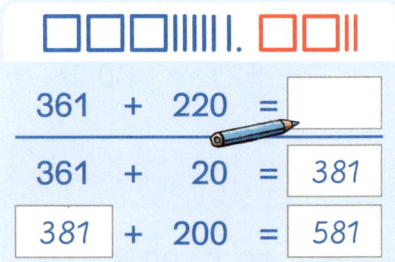

361	+	220	=	
361	+	20	=	381
381	+	200	=	581

228	+	130	=	
228	+	30	=	
	+	100	=	

432	+	160	=	
432	+	60	=	
	+	100	=	

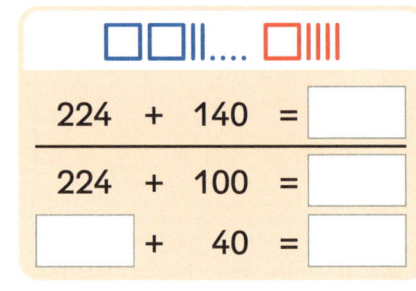
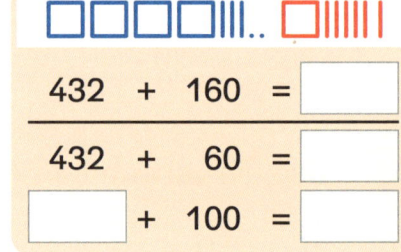

3 Löse die Aufgaben. Schreibe deine Rechenschritte auf.

a) 767 + 210 =

767	+		=	
	+		=	

b) 578 + 320 =

	+		=	
	+		=	

c) 235 + 750 =

	+		=	
	+		=	

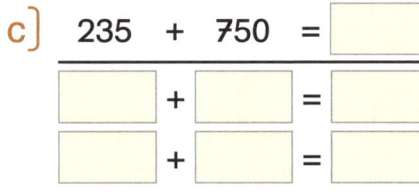

4 Löse die Aufgaben. Rechne mit deinen Rechenschritten im Kopf.

a) 428 + 340 =

b) 217 + 670 =

c) 372 + 410 =

B

★ Additionsaufgaben in zwei Schritten lösen
★ die beiden Rechenschritte notieren
★ schrittweise im Kopf rechnen

1 Suche dir ein anderes Kind.
Legt die Plusaufgaben
wie Lea und Tim.

243 + 35

617 + 72

465 + 32

Ich lege zuerst die **Zehner** dazu, dann die **Einer**.

Ich lege zuerst die **Einer** dazu, dann die **Zehner**.

243 + 35

2 Rechne in Schritten.

a Rechne wie Lea. Ergänze die Rechenschritte.

324	+	32	=	
324	+	30	=	354
354	+	2	=	356

242	+	23	=	
242	+	20	=	
	+	3	=	

531	+	44	=	
531	+	40	=	
	+	4	=	

b Rechne wie Tim. Ergänze die Rechenschritte.

431	+	13	=	
431	+	3	=	434
434	+	10	=	444

112	+	54	=	
112	+	4	=	
	+	50	=	

257	+	32	=	
257	+	2	=	
	+	30	=	

3 Löse die Aufgaben. Schreibe deine Rechenschritte auf.

a
452	+	36	=	
452	+		=	
	+		=	

b
734	+	45	=	
	+		=	
	+		=	

c
546	+	51	=	
	+		=	
	+		=	

4 Löse die Aufgaben. Rechne mit deinen Rechenschritten im Kopf.

a 235 + 43 =

b 554 + 32 =

c 481 + 15 =

★ Additionsaufgaben in zwei Schritten lösen
★ die beiden Rechenschritte notieren
★ schrittweise im Kopf rechnen

1 Suche dir ein anderes Kind.
Legt und löst Minusaufgaben mit Hunderterzahlen.

$540 - 200 = 340$

2 Schreibe zu den Bildern Minusaufgaben.

a) $700 - 400 = 300$

b)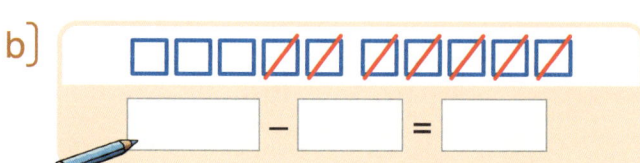
___ − ___ = ___

c) ___ − ___ = ___

d)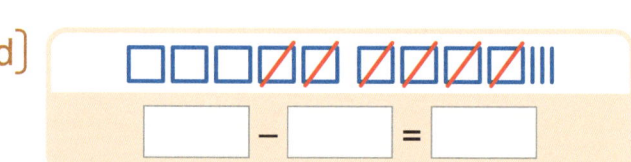
___ − ___ = ___

e) ___ − ___ = ___

f)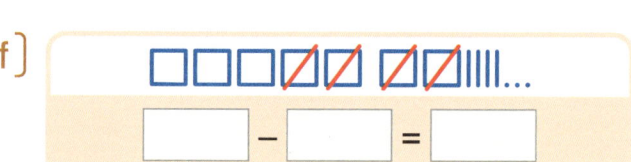
___ − ___ = ___

3 Zeichne Rechenbilder.
Beachte dabei die Lücke nach fünf Hundertern oder Zehnern.

a) $600 - 500 = 100$

b)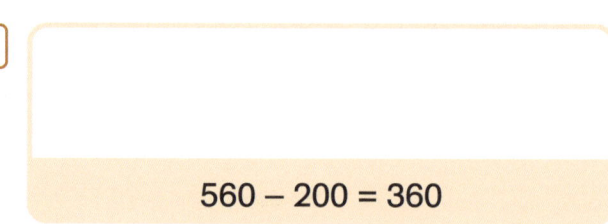
$560 - 200 = 360$

c) $435 - 200 = 235$

 B **AH** 13 **ÜH** 12

★ Subtraktionsaufgaben mit Hundertern legen und lösen
★ Rechenbilder in Subtraktionsaufgaben übertragen
★ Subtraktionsaufgaben in Rechenbilder übertragen

$372 - 50 = $ ☐	$564 - 230 = $ ☐
□ □ □ ||||| ..	□ □ □ □ ⌀ ⌀ ||||| ....
$70 - 50 = 20$	$60 - 30 = 30$
$72 - 50 = 22$	$64 - 30 = 34$
$372 - 50 = 322$	$564 - 30 = 534$
	$564 - 230 = 334$

Hier helfen mir die verwandten Aufgaben.

1 Löse die verwandten Aufgaben.

a)
$80 - 50 = \boxed{30}$
$86 - 50 = \boxed{36}$
$786 - 50 = \boxed{736}$

b)
$70 - 40 = \boxed{}$
$78 - 40 = \boxed{}$
$678 - 40 = \boxed{}$

c)
$90 - 20 = \boxed{}$
$95 - 20 = \boxed{}$
$395 - 20 = \boxed{}$

2 Finde und löse zuerst die kleinen Aufgaben.

a)
$\boxed{60} - \boxed{40} = \boxed{20}$
$\boxed{63} - \boxed{40} = \boxed{23}$
$563 - 40 = \boxed{}$

b)
$\boxed{} - \boxed{} = \boxed{}$
$\boxed{} - \boxed{} = \boxed{}$
$845 - 30 = \boxed{}$

c)
$\boxed{} - \boxed{} = \boxed{}$
$\boxed{} - \boxed{} = \boxed{}$
$972 - 50 = \boxed{}$

3 Löse die verwandten Aufgaben.

a)
$80 - 70 = \boxed{10}$
$82 - 70 = \boxed{12}$
$482 - 70 = \boxed{412}$
$482 - 270 = \boxed{212}$

b)
$90 - 50 = \boxed{}$
$94 - 50 = \boxed{}$
$694 - 50 = \boxed{}$
$694 - 250 = \boxed{}$

c)
$50 - 20 = \boxed{}$
$57 - 20 = \boxed{}$
$857 - 20 = \boxed{}$
$857 - 320 = \boxed{}$

4 Finde und löse zuerst die kleinen Aufgaben.

a)
$\boxed{80} - \boxed{20} = \boxed{60}$
$\boxed{82} - \boxed{20} = \boxed{62}$
$\boxed{982} - \boxed{20} = \boxed{962}$
$982 - 120 = \boxed{}$

b)
$\boxed{} - \boxed{} = \boxed{}$
$\boxed{} - \boxed{} = \boxed{}$
$\boxed{} - \boxed{} = \boxed{}$
$745 - 540 = \boxed{}$

c)
$\boxed{} - \boxed{} = \boxed{}$
$\boxed{} - \boxed{} = \boxed{}$
$\boxed{} - \boxed{} = \boxed{}$
$571 - 230 = \boxed{}$

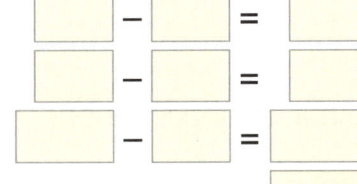
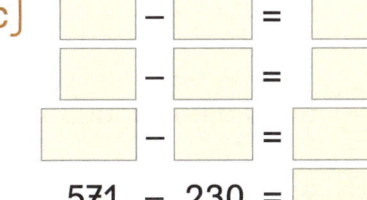

★ Subtraktionsaufgaben mithilfe verwandter Aufgaben lösen
★ verwandte Aufgaben finden und als Rechenhilfe nutzen
★ MK: Strukturen erkennen und nutzen

1 Suche dir ein anderes Kind. Legt die Minusaufgaben wie Lea und Tim.

542 – 230

486 – 360

364 – 210

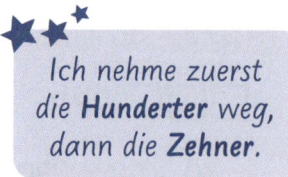

Ich nehme zuerst die **Hunderter** weg, dann die **Zehner**.

Ich nehme zuerst die **Zehner** weg, dann die **Hunderter**.

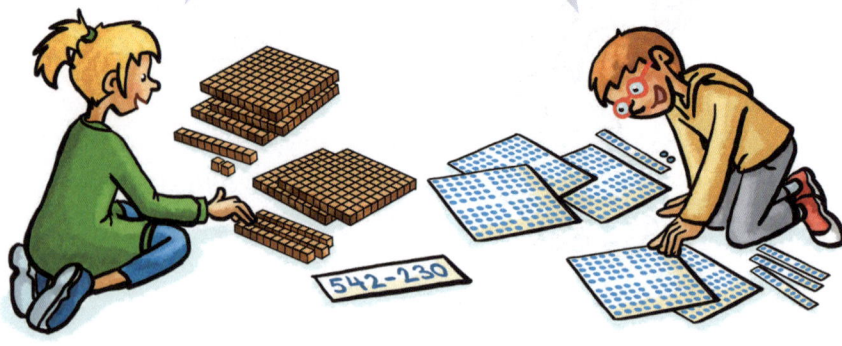

542 – 230

2 Rechne in Schritten.

a Rechne wie Lea. Ergänze die Rechenschritte.

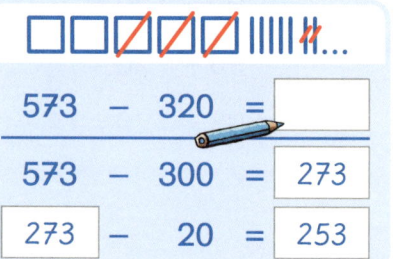

573	–	320	=	
573	–	300	=	273
273	–	20	=	253

654	–	130	=	
654	–	100	=	
	–	30	=	

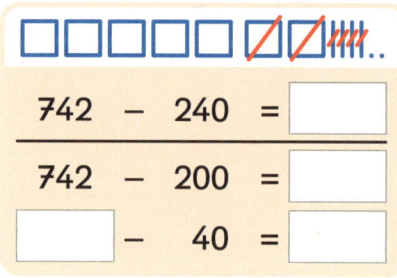

742	–	240	=	
742	–	200	=	
	–	40	=	

b Rechne wie Tim. Ergänze die Rechenschritte.

586	–	450	=	
586	–	50	=	536
536	–	400	=	136

645	–	310	=	
645	–	10	=	
	–	300	=	

458	–	340	=	
458	–	40	=	
	–	300	=	

3 Löse die Aufgaben. Schreibe deine Rechenschritte auf.

a 357 – 230 =

357	–		=	
	–		=	

b 976 – 330 =

	–		=	
	–		=	

c 591 – 160 =

	–		=	
	–		=	

4 Löse die Aufgaben. Rechne mit deinen Rechenschritten im Kopf.

a 732 – 220 =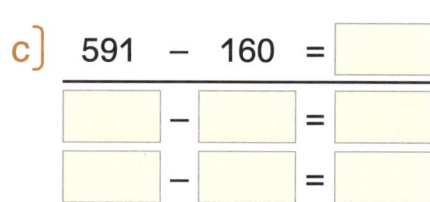

b 512 – 310 =

c 984 – 960 =

B

★ Subtraktionsaufgaben in zwei Schritten lösen
★ die beiden Rechenschritte notieren
★ schrittweise im Kopf rechnen

 1 Suche dir ein anderes Kind.
Legt die Minusaufgaben
wie Lea und Tim.

457 − 34

568 − 27

786 − 41

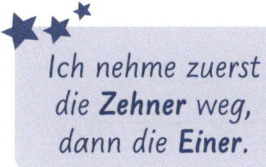
Ich nehme zuerst die **Zehner** weg, dann die **Einer**.

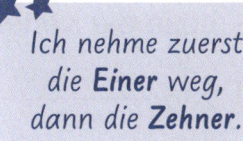
Ich nehme zuerst die **Einer** weg, dann die **Zehner**.

457 − 34

2 Rechne in Schritten.

a) Rechne wie Lea. Ergänze die Rechenschritte.

356	−	23	=	
356	−	20	=	336
336	−	3	=	333

645	−	14	=	
645	−	10	=	
	−	4	=	

567	−	45	=	
567	−	40	=	
	−	5	=	

b) Rechne wie Tim. Ergänze die Rechenschritte.

538	−	25	=	
538	−	5	=	533
533	−	20	=	513

483	−	31	=	
483	−	1	=	
	−	30	=	

385	−	21	=	
385	−	1	=	
	−	20	=	

3 Löse die Aufgaben. Schreibe deine Rechenschritte auf.

a) 876 − 32 =

876 − =

− =

b) 768 − 42 =

− =

− =

c) 957 − 24 =

− =

− =

4 Löse die Aufgaben. Rechne mit deinen Rechenschritten im Kopf.

a) 892 − 41 =

b) 986 − 64 =

c) 674 − 52 =

★ Subtraktionsaufgaben in zwei Schritten lösen
★ die beiden Rechenschritte notieren
★ schrittweise im Kopf rechnen

 ÜH 14　 AH 15　 B

1 Löse die Kettenaufgaben.

a) 236 —— + 300 ——→ 536 —— + 200 ——→ ⬚ —— + 100 ——→ ⬚

b) 921 —— − 500 ——→ ⬚ —— − 100 ——→ ⬚ —— − 300 ——→ ⬚

c) 815 —— + 20 ——→ ⬚ —— + 40 ——→ ⬚ —— + 10 ——→ ⬚

d) 392 —— − 40 ——→ ⬚ —— − 10 ——→ ⬚ —— − 30 ——→ ⬚

2 Löse die Aufgaben.
Schreibe deine Rechenschritte auf.

a) 528 + 360 = ⬚
   528 + ⬚ = ⬚
   ⬚ + ⬚ = ⬚

b) 625 + 240 = ⬚
   ⬚ + ⬚ = ⬚
   ⬚ + ⬚ = ⬚

c) 768 − 320 = ⬚
   ⬚ − ⬚ = ⬚
   ⬚ − ⬚ = ⬚

d) 947 − 710 = ⬚
   ⬚ − ⬚ = ⬚
   ⬚ − ⬚ = ⬚

3 Löse die Aufgaben.
Schreibe deine Rechenschritte auf.

a) 436 + 53 = ⬚
   436 + ⬚ = ⬚
   ⬚ + ⬚ = ⬚

b) 543 + 34 = ⬚
   ⬚ + ⬚ = ⬚
   ⬚ + ⬚ = ⬚

c) 798 − 54 = ⬚
   ⬚ − ⬚ = ⬚
   ⬚ − ⬚ = ⬚

d) 679 − 56 = ⬚
   ⬚ − ⬚ = ⬚
   ⬚ − ⬚ = ⬚

1 Löse die Aufgabenreihen mit Plusaufgaben. Setze die Reihen fort.

a)
135	+	20	=	155
135	+	120	=	
135	+	220	=	
	+		=	
	+		=	

b)
962	+	26	=	
862	+	26	=	
762	+	26	=	
	+		=	
	+		=	

2 Löse die Aufgabenreihen mit Minusaufgaben. Setze die Reihen fort.

a)
968	–	30	=	938
968	–	130	=	
968	–	230	=	
	–		=	
	–		=	

b)
273	–	51	=	
373	–	51	=	
473	–	51	=	
	–		=	
	–		=	

3 Ergänze die Zahlenmauern.
Rechne mit deinen Rechenschritten im Kopf.

a)

| 218 | 130 | 410 |

b)

| 230 | 220 | 329 |

4 Löse die Aufgaben. Rechne mit deinen Rechenschritten im Kopf.
Kontrolliere die Ergebnisse. Die Lösungszahlen findest du in den Sternen.

a)
724 + 55 = 779
952 + 36 =
521 + 78 =
231 + 49 =

280   599   ~~779~~   988

b)
459 – 26 =
837 – 25 =
786 – 56 =
974 – 33 =

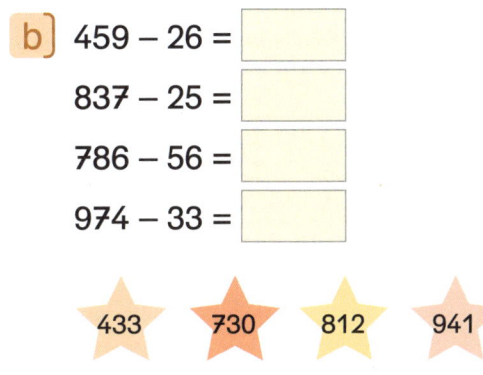

433   730   812   941

★ **MK:** Strukturen in Aufgabenreihen erkennen ★ Aufgabenreihen lösen und fortsetzen
★ Zahlenmauern ergänzen
★ Aufgaben im Kopf lösen, Ergebnisse kontrollieren

AH 16   **35**

1 Finde zu jeder Rechengeschichte (G) und Frage (F)
eine passende Rechnung (R) und Antwort (A).

a)

G: Um 10:00 Uhr besuchten
161 Kinder und 37 Erwachsene
die Vorstellung.

F: Wie viele Personen waren es
insgesamt?

R: ☐ ◯ ☐ = ☐

A: _____

b)

G: Um 15:00 Uhr besuchten
101 Kinder und 74 Erwachsene
die Vorstellung.

F: Wie viele Personen waren es
insgesamt?

R: ☐ ◯ ☐ = ☐

A: _____

c)

G: Insgesamt gibt es 200 Plätze.

F: Wie viele freie Plätze gab es um
10:00 Uhr?

R: ☐ ◯ ☐ = ☐

A: _____

F: Wie viele freie Plätze gab es um
15:00 Uhr?

R: ☐ ◯ ☐ = ☐

A: _____

2 Die Kinder und Eltern der Wiesenschule haben Kuchen und Getränke angeboten.
Ihre Verkäufe haben sie in einer Tabelle notiert. Fülle die Tabelle vollständig aus.

	10:00-Uhr-Vorstellung	15:00-Uhr-Vorstellung	insgesamt
Kuchen	102	160	
Wasser		110	145
Saftschorle	22		122

D 9 ★ SF/MK: Texten Informationen entnehmen, Sachaufgaben lösen, Rechnungen notieren,
Antworten formulieren ★ MK: einer Tabelle Informationen entnehmen ★ in einer Tabelle
fehlende Zahlen ergänzen

Ich wohne seit 4 Jahren in Längenholz.
Jedes Jahr werden neue Häuser gebaut
und neue Familien ziehen hierher.

Einwohnerzahlen Längenholz	
Einwohnerzahl	am
720	31.12.2019
860	31.12.2020
987	31.12.2021

1 Berechne und vergleiche die Zuzüge nach Längenholz.

Seite 37 Aufgabe 1

a) 2020 R: ...

A: ...

⋮

a Berechne, wie viele Personen im Jahr 2020
und im Jahr 2021 neu zugezogen sind.

b Vergleiche die Zuzüge 2020 und 2021.

Im Jahr [   ] sind [   ] Personen mehr zugezogen als im Jahr [   ] .

2 Um festzustellen, wie der Verkehr auf der Zufahrtsstraße in das neue Baugebiet
zugenommen hat, wurde jedes Jahr eine Verkehrszählung durchgeführt.

Freitag, 15.3.2019	Freitag, 13.3.2020	Freitag, 12.3.2021
112 Fahrräder	10 Fahrräder weniger als 2019	144 Fahrräder
324 Pkw	40 Pkw mehr als 2019	353 Pkw

a Übertrage die bereits gegebenen Anzahlen in die Tabelle.

	Fahrräder	Pkw	insgesamt
Freitag, 15.3.2019			
Freitag, 13.3.2020			
Freitag, 12.3.2021			

b Berechne die fehlenden Anzahlen und fülle die Tabelle aus **a** vollständig aus.

3 Betrachte die Tabelle aus Aufgabe **2**.
Schreibe Vergleiche zur Gesamtzahl der Fahrzeuge
in den verschiedenen Jahren auf.

Seite 37 Aufgabe 3

Im Jahr ...

★ **MK:** einer Tabelle Informationen entnehmen, gesuchte Angaben berechnen,
Vergleiche notieren
★ Angaben in einer Tabelle notieren, fehlende Angaben berechnen, Vergleiche notieren

*Die **Faltlinie** heißt **Symmetrieachse**. Sie teilt die Figur in zwei gleiche Teile. Beim Falten liegen diese Teile genau aufeinander. Die Figur ist **achsensymmetrisch**.*

1 Falte, zeichne und schneide eine Blüte wie Einstern. Verwende quadratisches Papier.

2 Stelle eigene Blüten her. Überlege, wie viele Symmetrieachsen deine Blüten haben.

3 Du kannst gemeinsam mit anderen Kindern aus euren Blüten eine Blumenwiese gestalten. Vielleicht faltet und schneidet ihr auch Blätter.

4 Es wurde zweimal gefaltet, dann geschnitten und danach aufgefaltet. Verbinde, was zusammengehört.

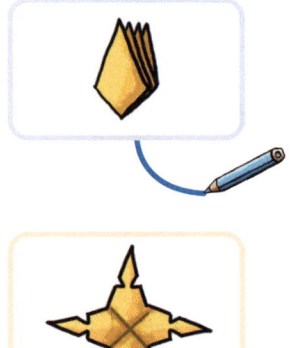

★ durch Falten und Schneiden symmetrische Figuren herstellen
★ Falt- und Schneideergebnisse zuordnen

1 Suche dir ein anderes Kind.
Probiert, was ihr mit einem Doppelspiegel sehen könnt.

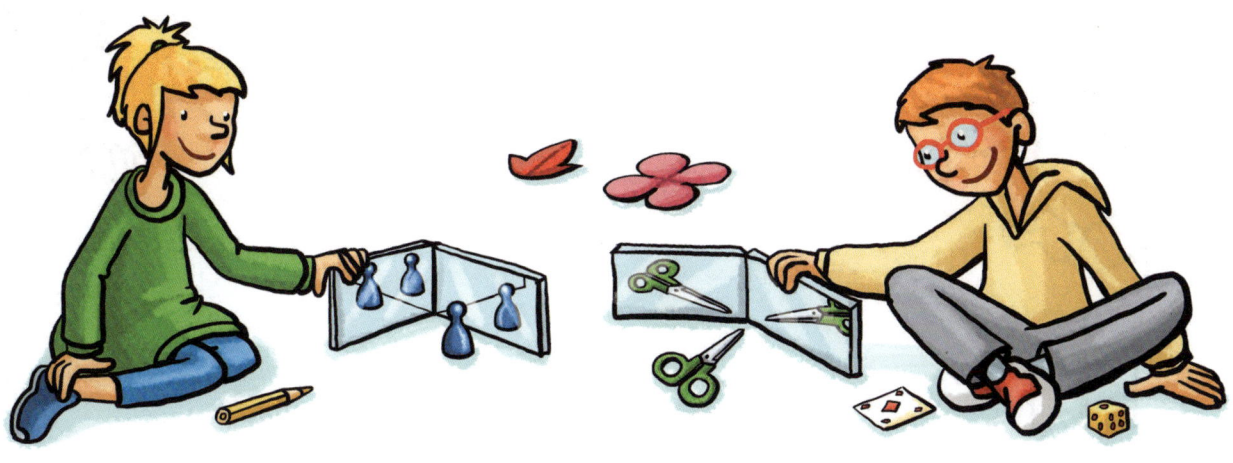

2 Probiert, welches Bild ihr mit dem Doppelspiegel sehen könnt. Kreuzt an.

a)

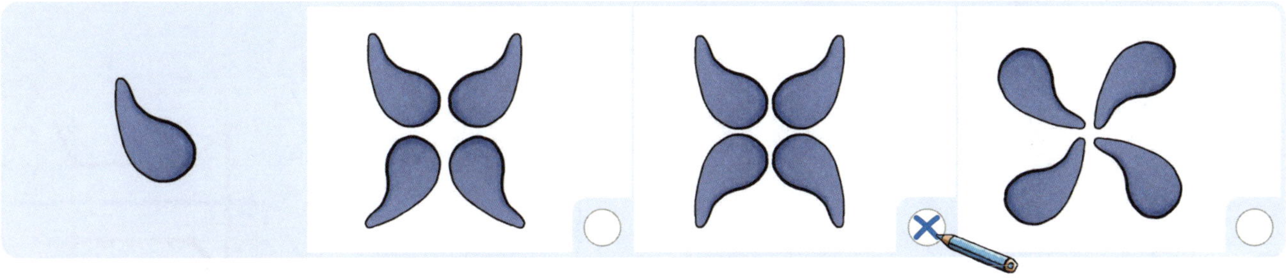

b)

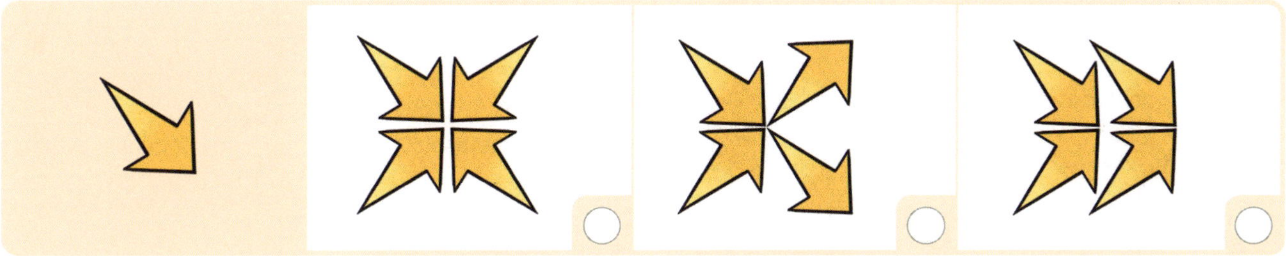

c)

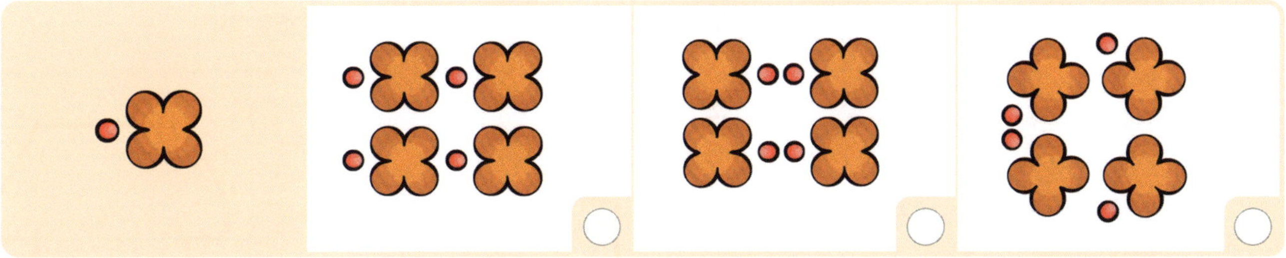

d)

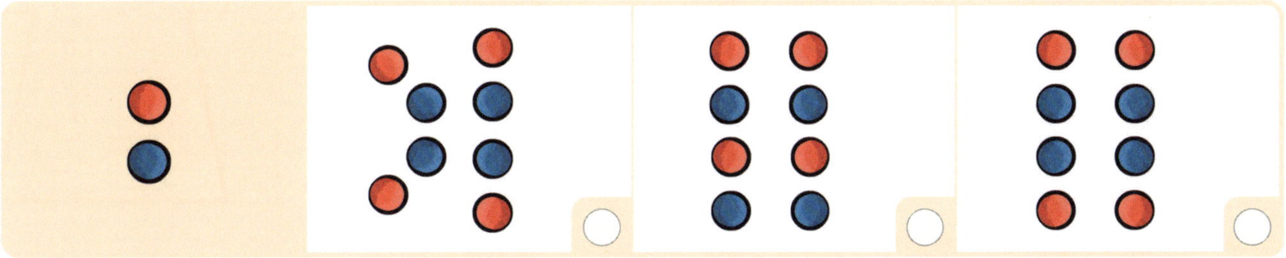

★ mit dem Doppelspiegel experimentieren
★ erkunden, welches Spiegelbild mit zwei senkrecht zueinander stehenden Spiegeln erzeugt
werden kann

39

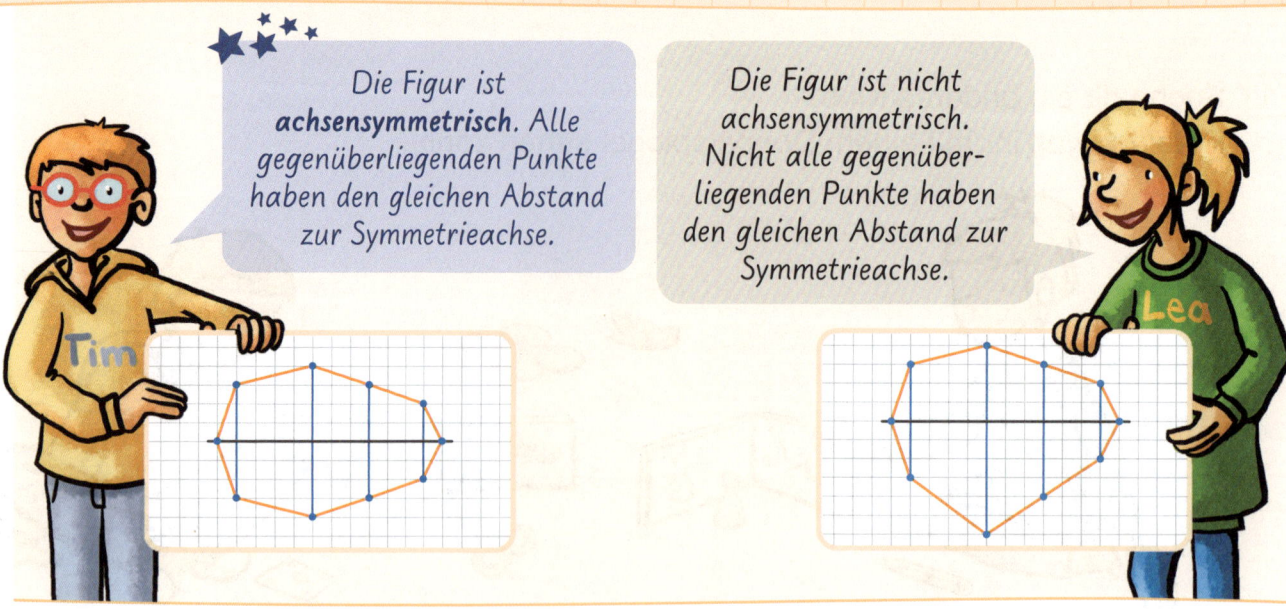

Die Figur ist **achsensymmetrisch**. Alle gegenüberliegenden Punkte haben den gleichen Abstand zur Symmetrieachse.

Die Figur ist nicht achsensymmetrisch. Nicht alle gegenüberliegenden Punkte haben den gleichen Abstand zur Symmetrieachse.

1 Stelle fest, welche Figuren achsensymmetrisch sind. Kreuze an.
Suche dir ein anderes Kind und begründe deine Aussage.

a)
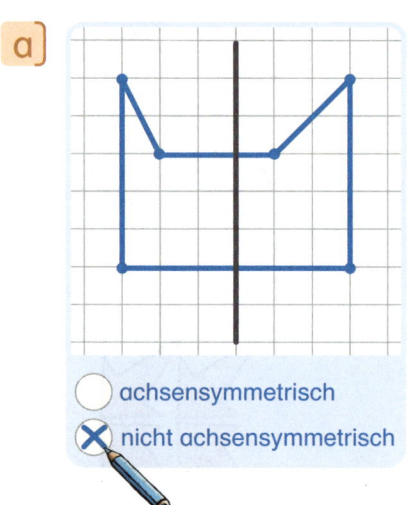
○ achsensymmetrisch
⊗ nicht achsensymmetrisch

b)
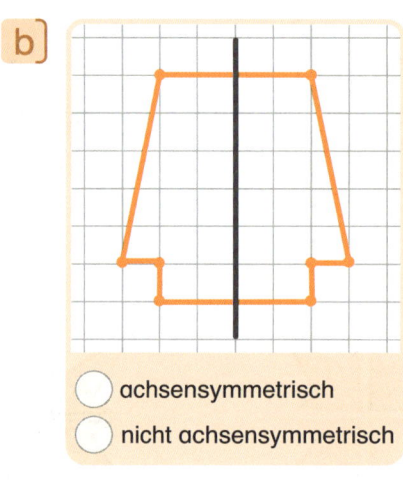
○ achsensymmetrisch
○ nicht achsensymmetrisch

c)
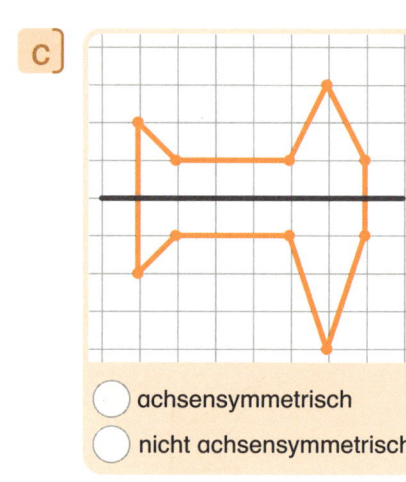
○ achsensymmetrisch
○ nicht achsensymmetrisch

2 Stelle fest, welche Figuren achsensymmetrisch sind.
Zeichne bei achsensymmetrischen Figuren die Symmetrieachse ein.

A
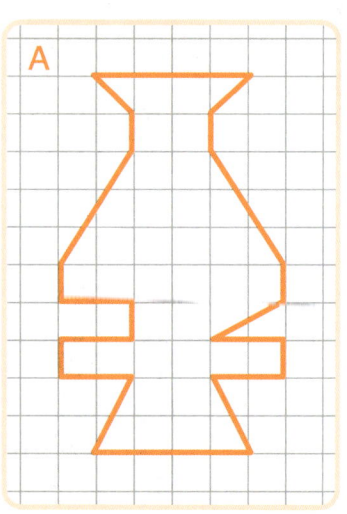

B
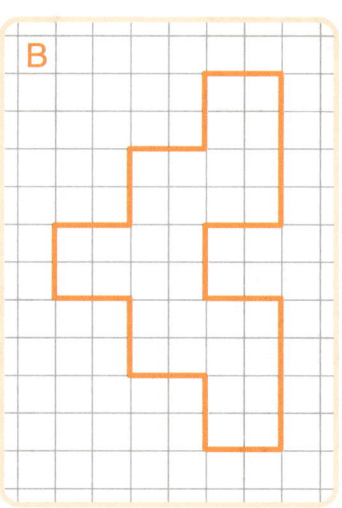

C
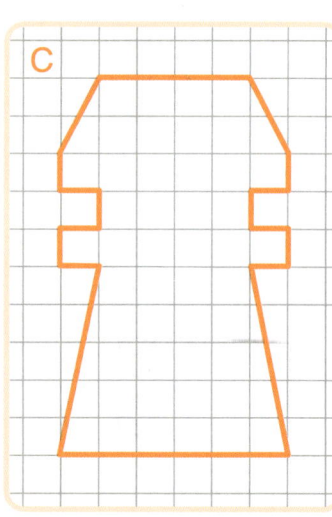

★ Eigenschaften achsensymmetrischer Figuren kennenlernen
★ Figuren auf Achsensymmetrie überprüfen, Entscheidungen begründen
★ achsensymmetrische Figuren erkennen, jeweils die Symmetrieachse einzeichnen

1 Stelle fest, welche Figuren achsensymmetrisch sind.
Zeichne bei achsensymmetrischen Figuren alle Symmetrieachsen
mit einem roten Stift ein. Benutze ein Lineal.
Vergleiche deine Ergebnisse mit denen eines anderen Kindes.

a]
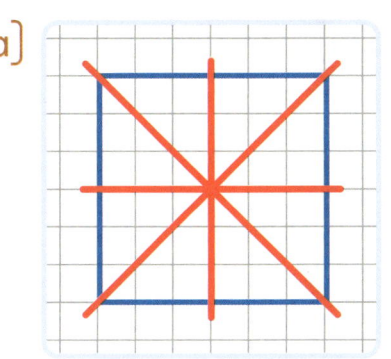

b]
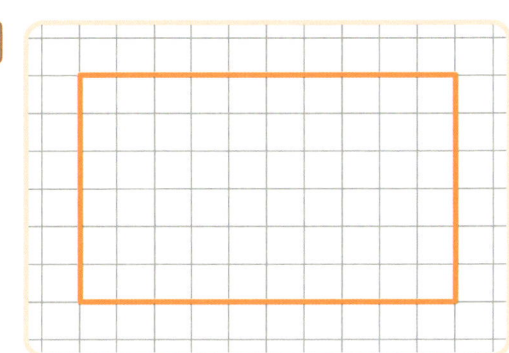

c]
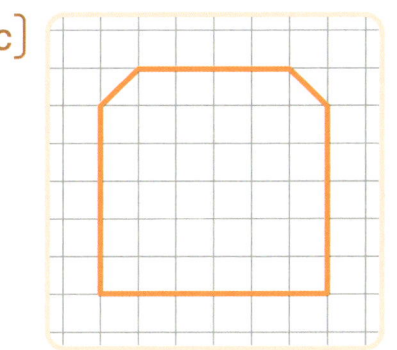

d]
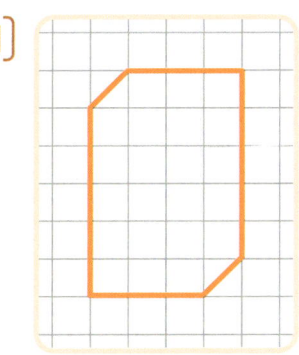

e]
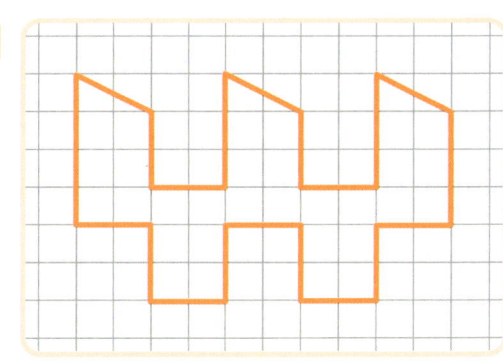

f]
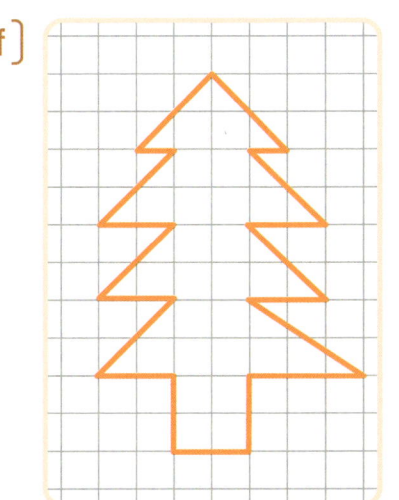

g]
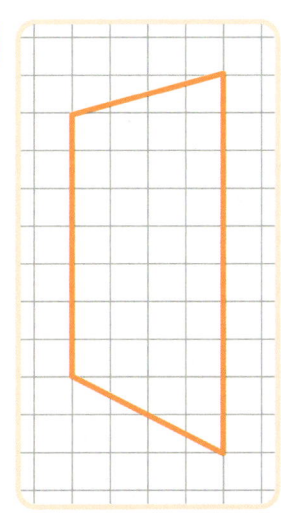

h]
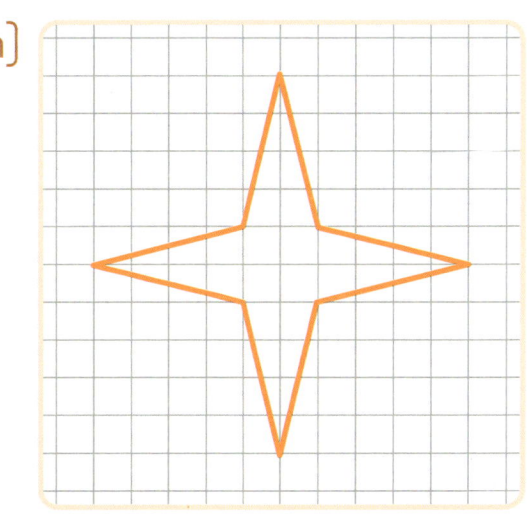

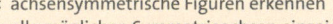

★ achsensymmetrische Figuren erkennen
★ alle möglichen Symmetrieachsen einzeichnen

1 Ergänze jeweils das Spiegelbild.

Nach dem Zeichnen überprüfe ich die Figuren mit dem Spiegel.

a)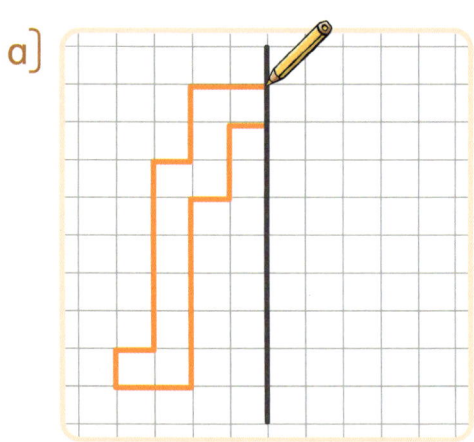

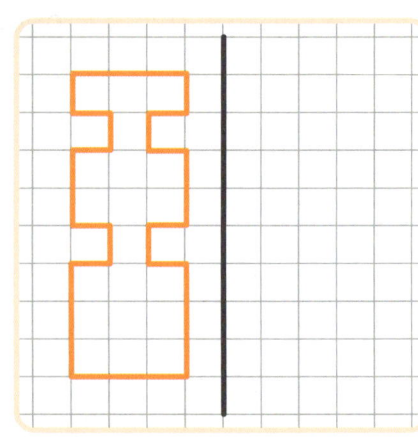

b)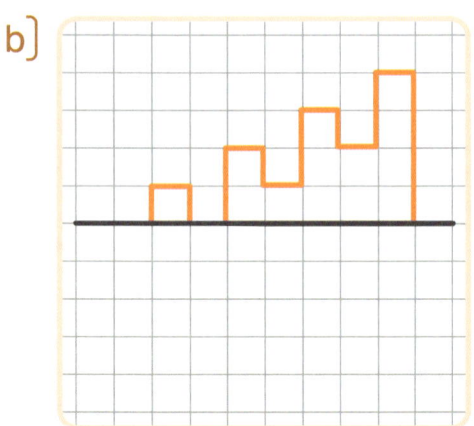

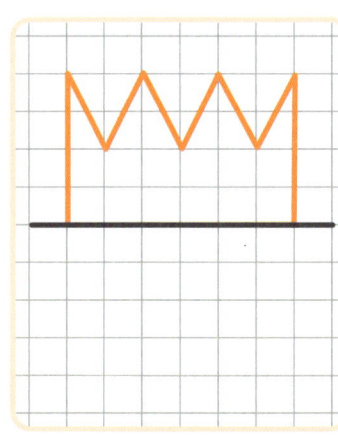

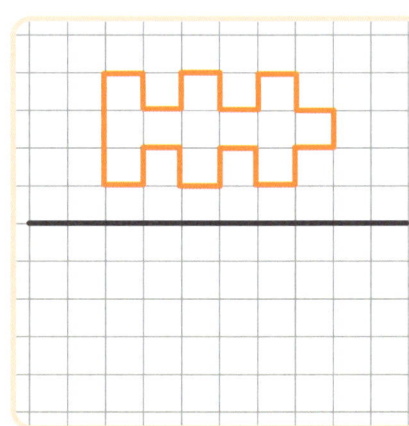

c)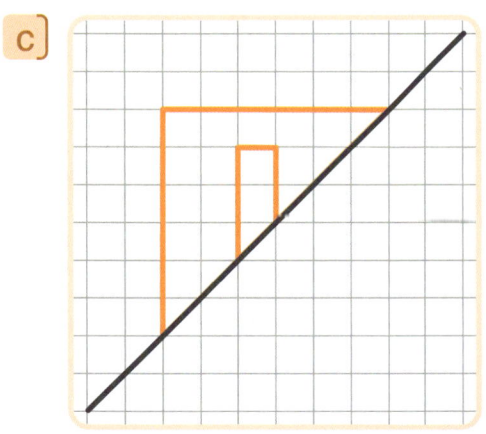

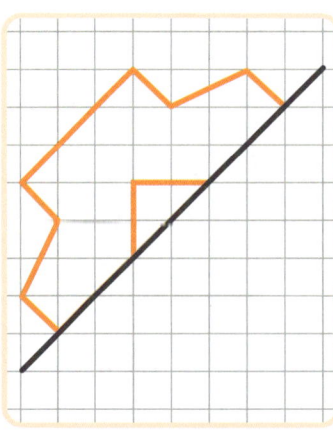

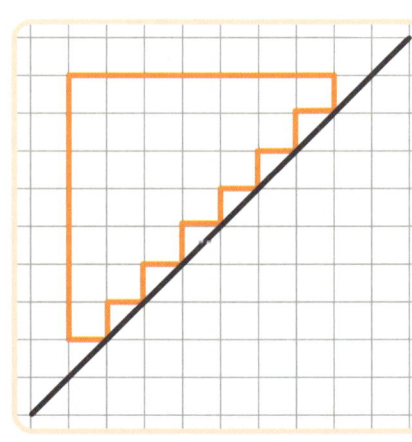

1 Ergänze das Spiegelbild.

a) Wähle eine Figur aus.

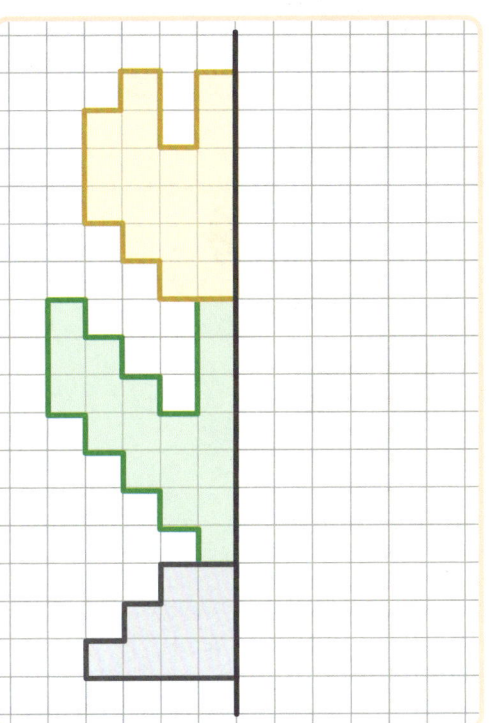

b) Erkläre einem anderen Kind, wie du vorgegangen bist.

Alle gegenüberliegenden Punkte haben den gleichen Abstand zur Symmetrieachse.

2 Zeichne selbst weitere Figuren und eine Symmetrieachse in dein Heft. Ergänze dann jeweils das Spiegelbild.

Seite 43 Aufgabe 2
...

3 Wähle eine Figur aus.
Spiegle die Figur erst nach rechts und dann die gesamte Figur nach unten.

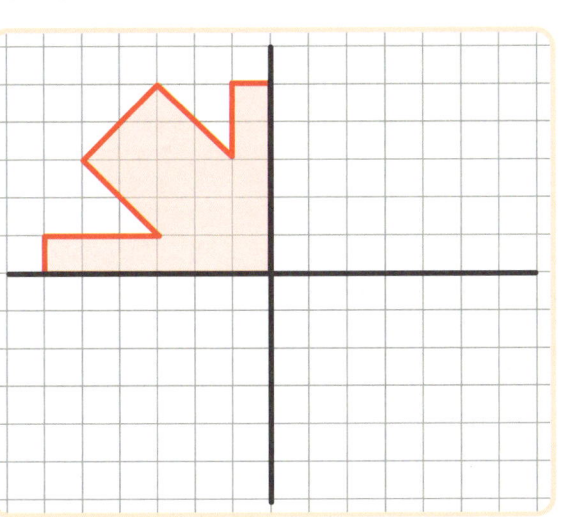

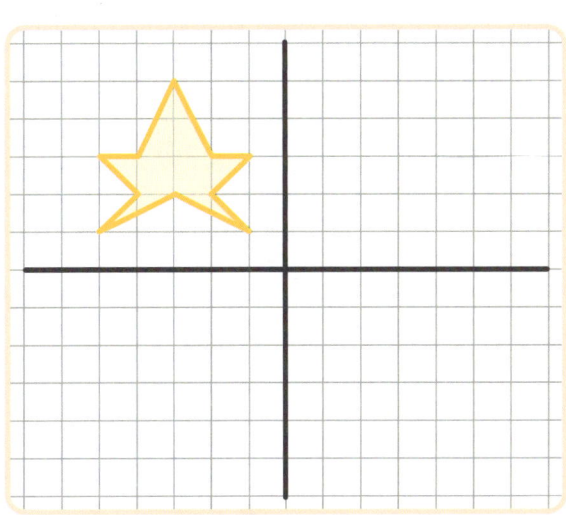

★ zu vorgegebenen Figuren mit unterschiedlicher Lage der Symmetrieachse Spiegelbilder ergänzen
★ eigene achsensymmetrische Figuren zeichnen

1 Rechne wie Paul.

a) Löse die verwandten Aufgaben.

5 + 7 = 12	6 + 8 =	4 + 7 =
85 + 7 = 92	46 + 8 =	94 + 7 =
485 + 7 = 492	246 + 8 =	194 + 7 =

b) Finde und löse zuerst die kleinen Aufgaben.

8 + 5 = 13	☐ + ☐ = ☐	☐ + ☐ = ☐
38 + 5 = 43	☐ + ☐ = ☐	☐ + ☐ = ☐
538 + 5 =	685 + 6 =	398 + 9 =

2 Rechne wie Lena. Löse die Aufgaben in Schritten.

a) Rechne bis zum nächsten Zehner und dann weiter.

274 + 8 =	367 + 5 =	536 + 8 =
274 + 6 = 280	☐ + ☐ = ☐	☐ + ☐ = ☐
280 + 2 =	☐ + ☐ = ☐	☐ + ☐ = ☐

b) Rechne bis zum nächsten Hunderter und dann weiter.

398 + 7 =	495 + 8 =	697 + 9 =
398 + 2 = 400	☐ + ☐ = ☐	☐ + ☐ = ☐
400 + 5 =	☐ + ☐ = ☐	☐ + ☐ = ☐

★ Rechenschritte nachvollziehen und anwenden
★ Additionsaufgaben mithilfe verwandter Aufgaben lösen ★ MK: Strukturen
erkennen und nutzen ★ Additionsaufgaben in Schritten lösen

276 + 40 = ▢

Mir helfen die verwandten Aufgaben.

Lea

70 + 40 = 110
270 + 40 = 310
276 + 40 = 316

Ich rechne zuerst die Zehner dazu und dann die Einer.

Ole

276 + 47 = 323
——————
276 + 40 = 316
316 + 7 = 323

276 + 47 = ▢

Ich rechne zuerst die Einer dazu und dann die Zehner.

Mai-Lin

276 + 47 = 323
——————
276 + 7 = 283
283 + 40 = 323

1 Rechne wie Lea.

a) Löse die verwandten Aufgaben.

$60 + 70 = \boxed{130}$ $70 + 50 = \boxed{}$ $50 + 80 = \boxed{}$

$560 + 70 = \boxed{630}$ $870 + 50 = \boxed{}$ $350 + 80 = \boxed{}$

$567 + 70 = \boxed{637}$ $873 + 50 = \boxed{}$ $354 + 80 = \boxed{}$

b) Finde und löse zuerst die kleinen Aufgaben.

$\boxed{30} + \boxed{90} = \boxed{120}$ $\boxed{} + \boxed{} = \boxed{}$ $\boxed{} + \boxed{} = \boxed{}$

$\boxed{230} + \boxed{90} = \boxed{320}$ $\boxed{} + \boxed{} = \boxed{}$ $\boxed{} + \boxed{} = \boxed{}$

$238 + 90 = \boxed{}$ $685 + 60 = \boxed{}$ $491 + 40 = \boxed{}$

2 Löse die Aufgaben in Schritten. Rechne wie Ole oder Mai-Lin.

a) Löse die Aufgaben ohne Zehnerüberschreitung.

$485 + 52 = \boxed{}$ $652 + 67 = \boxed{}$ $872 + 75 = \boxed{}$
——————
$485 + \boxed{} = \boxed{}$ $\boxed{} + \boxed{} = \boxed{}$ $\boxed{} + \boxed{} = \boxed{}$

$\boxed{} + \boxed{} = \boxed{}$ $\boxed{} + \boxed{} = \boxed{}$ $\boxed{} + \boxed{} = \boxed{}$

b) Löse die Aufgaben mit Zehnerüberschreitung.

$586 + 38 = \boxed{}$ $367 + 85 = \boxed{}$ $248 + 93 = \boxed{}$
——————
$\boxed{} + \boxed{} = \boxed{}$ $\boxed{} + \boxed{} = \boxed{}$ $\boxed{} + \boxed{} = \boxed{}$

$\boxed{} + \boxed{} = \boxed{}$ $\boxed{} + \boxed{} = \boxed{}$ $\boxed{} + \boxed{} = \boxed{}$

★ Rechenschritte nachvollziehen und anwenden
★ Additionsaufgaben mithilfe verwandter Aufgaben lösen ★ MK: Strukturen erkennen und nutzen ★ Additionsaufgaben in Schritten lösen

ÜH 16   AH 19   45

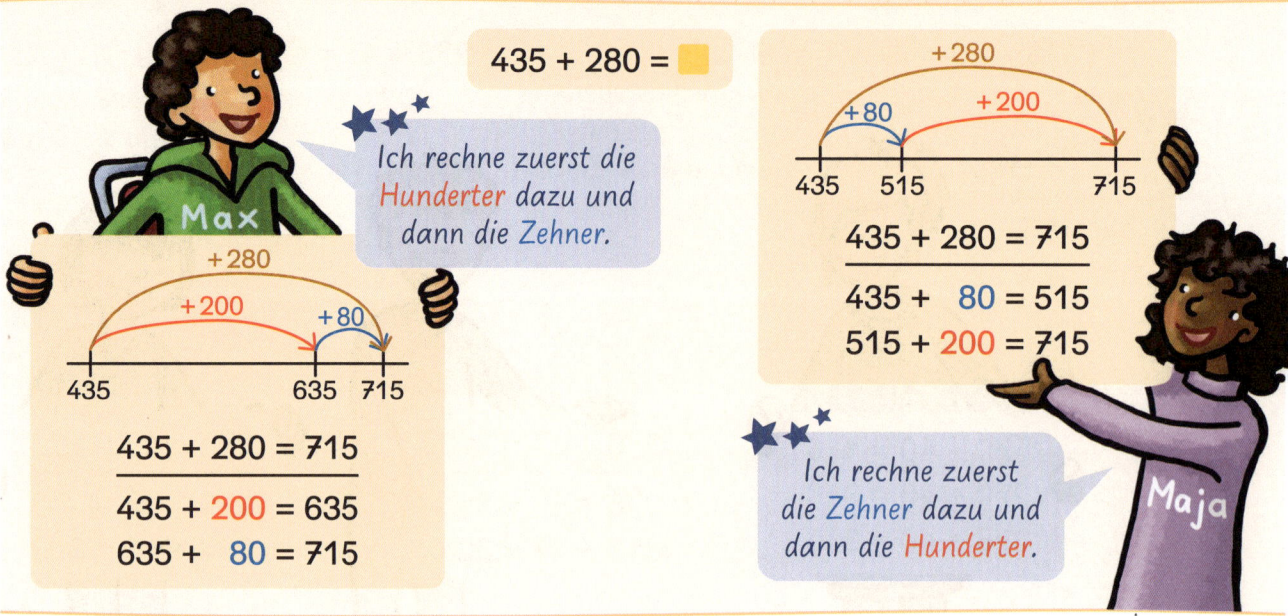

$435 + 280 = \square$

Ich rechne zuerst die Hunderter dazu und dann die Zehner.

Max

$435 + 280 = 715$
$435 + 200 = 635$
$635 + 80 = 715$

$435 + 280 = 715$
$435 + 80 = 515$
$515 + 200 = 715$

Ich rechne zuerst die Zehner dazu und dann die Hunderter.

Maja

1 Wie rechnest du die Aufgabe 435 + 280?
Vergleiche mit anderen Kindern.

2 Löse die Aufgaben.
Stelle deine Rechenschritte am Rechenstrich dar und schreibe sie auf.

a)
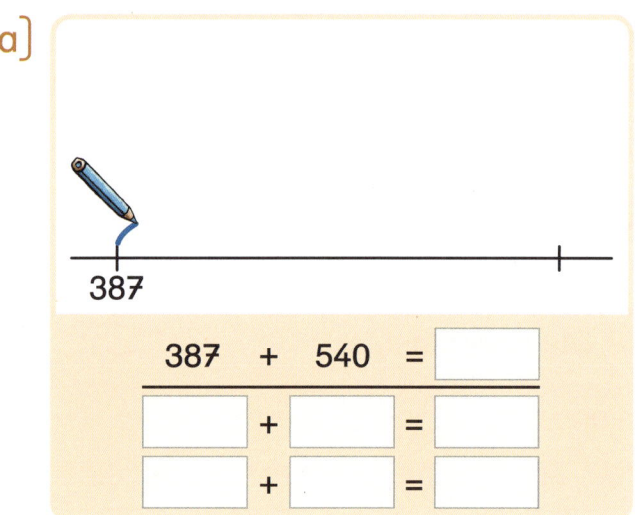

387

$387 + 540 = \square$
$\square + \square = \square$
$\square + \square = \square$

b)
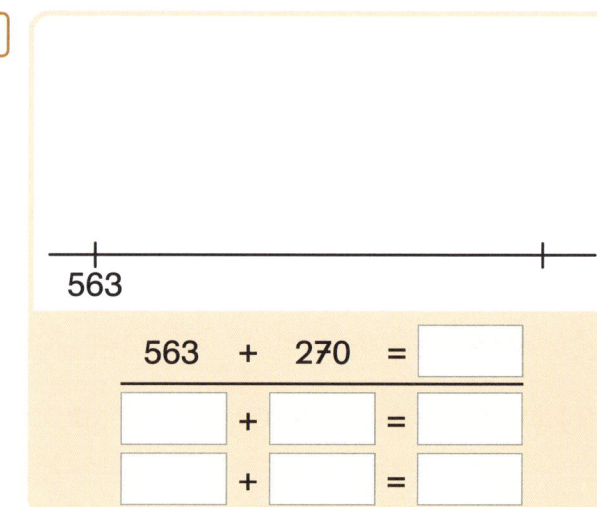

563

$563 + 270 = \square$
$\square + \square = \square$
$\square + \square = \square$

3 Löse die Aufgaben in deinem Heft.
Schreibe deine Rechenschritte auf oder stelle sie am Rechenstrich dar.

a) $372 + 550 = \square$

b) $668 + 170 = \square$

c) $427 + 280 = \square$

d) $281 + 150 = \square$

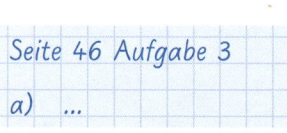

Seite 46 Aufgabe 3

a) ...

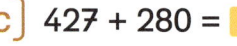 AH 20  ÜH 17

★ **SF:** Rechenschritte nachvollziehen, beschreiben und vergleichen
★ den eigenen Rechenweg beim Lösen von Aufgaben anwenden, am Rechenstrich zeichnen und notieren

238 + 456 = ⬜

Links:

238 + 456 = 694
238 + 400 = 638
638 + 50 = 688
688 + 6 = 694

Ich rechne zuerst die Hunderter dazu, dann die Zehner und zum Schluss die Einer.

Rechts:

238 + 456 = 694
238 + 6 = 244
244 + 50 = 294
294 + 400 = 694

Ich rechne zuerst die Einer dazu, dann die Zehner und zum Schluss die Hunderter.

1 Wie rechnest du die Aufgabe 238 + 456?
Vergleiche mit anderen Kindern.

2 Löse die Aufgaben.
Stelle deine Rechenschritte am Rechenstrich dar und schreibe sie auf.

a)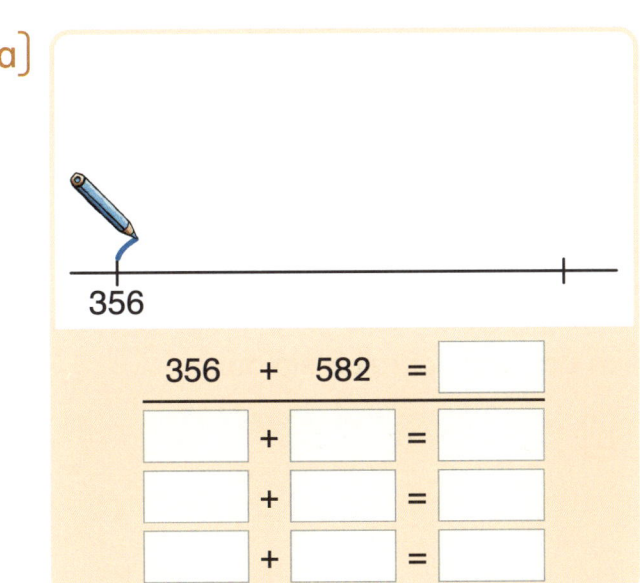

356

356	+	582	=	
	+		=	
	+		=	
	+		=	

b)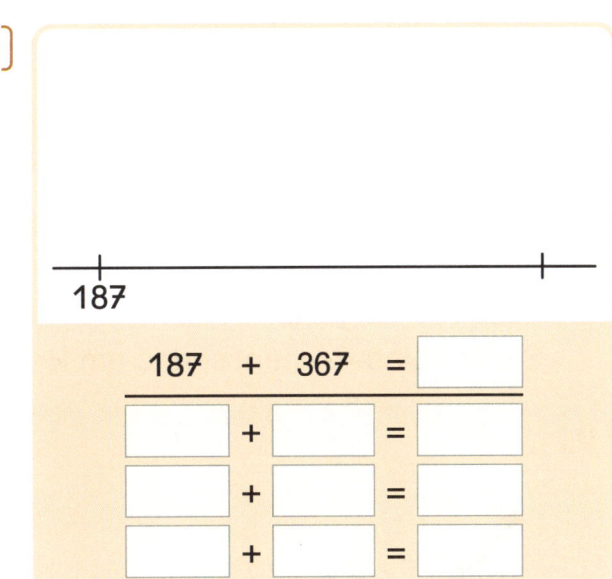

187

187	+	367	=	
	+		=	
	+		=	
	+		=	

3 Löse die Aufgaben in deinem Heft.
Schreibe deine Rechenschritte auf oder stelle sie am Rechenstrich dar.

a) 384 + 575 = ⬜   b) 272 + 443 = ⬜

c) 245 + 689 = ⬜   d) 484 + 352 = ⬜

Seite 47 Aufgabe 3
a) ...

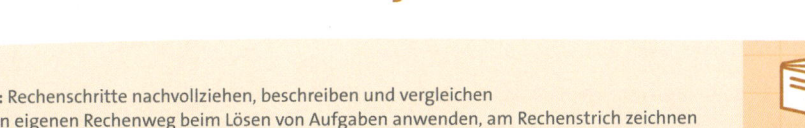

✦ SF: Rechenschritte nachvollziehen, beschreiben und vergleichen
✦ den eigenen Rechenweg beim Lösen von Aufgaben anwenden, am Rechenstrich zeichnen und notieren

D 15

AH 21

1 Löse die Aufgaben.
Stelle deine Rechenschritte am Rechenstrich dar und schreibe sie auf.

a)

596

596	+	230	=	
596	+		=	
	+		=	

b)

358

358	+	570	=	
	+		=	
	+		=	

c)

376

376	+	260	=	
	+		=	
	+		=	

d)

485

485	+	350	=	
	+		=	
	+		=	

2 Löse die Aufgaben.
Stelle deine Rechenschritte am Rechenstrich dar und schreibe sie auf.

a)

245

245	+	367	=	
	+		=	
	+		=	
	+		=	

b)

478

478	+	256	=	
	+		=	
	+		=	
	+		=	

★ den eigenen Rechenweg beim Lösen von Aufgaben anwenden, am Rechenstrich zeichnen und notieren

1 Löse die Aufgaben. Rechne mit deinen Rechenschritten im Kopf.
Kontrolliere die Ergebnisse. Die Lösungszahlen findest du in den Sternen.

a) 468 + 80 = | 548 |
524 + 90 =
357 + 70 =

b) 380 + 49 =
650 + 86 =
790 + 63 =

c) 765 + 68 =
276 + 56 =
893 + 79 =

427   548   736   853
332   429   614   833   972

2 Löse die Aufgaben. Rechne mit deinen Rechenschritten im Kopf.
Kontrolliere die Ergebnisse. Die Lösungszahlen findest du in den Sternen.

a) 370 + 440 = | 810 |
550 + 280 =
480 + 160 =

b) 372 + 240 =
658 + 180 =
183 + 260 =

c) 490 + 237 =
270 + 348 =
560 + 276 =

612   640   810   836
443   618   727   830   838

3 Löse die Aufgaben und setze die Aufgabenreihen fort.

a) 467 + 280 = | 747 |
477 + 270 =
487 + 260 =
____ + ____ = ____
____ + ____ = ____

b) 125 + 230 =
125 + 240 =
125 + 250 =
____ + ____ = ____
____ + ____ = ____

4 Beschreibt, wie sich bei den Aufgabenreihen
in Aufgabe **3** die erste Zahl, die zweite Zahl
und das Ergebnis verändern.

Seite 49 Aufgabe 4

a) Die erste Zahl ...

...

5 Bilde selbst eine Aufgabenreihe.
Bitte ein anderes Kind, diese fortzusetzen.

Seite 49 Aufgabe 5

...

★ Aufgaben mit den eigenen Rechenschritten im Kopf lösen, Ergebnisse kontrollieren
★ MK/SF: Aufgabenreihen fortsetzen und lösen, Struktur erkennen und beschreiben
★ selbst eine Aufgabenreihe bilden

$245 - 7 = \square$

Mir helfen die verwandten Aufgaben.

Paul

$15 - 7 = \quad 8$
$45 - 7 = \quad 38$
$245 - 7 = 238$

Ich rechne in Schritten bis zum nächsten Zehner und dann weiter.

Meral

$245 - 7 = 238$
$245 - 5 = 240$
$240 - 2 = 238$

---

1 Rechne wie Paul.

a) Löse die verwandten Aufgaben.

$14 - 7 = \boxed{7}$ $11 - 8 = \boxed{}$ $13 - 5 = \boxed{}$

$54 - 7 = \boxed{47}$ $81 - 8 = \boxed{}$ $23 - 5 = \boxed{}$

$254 - 7 = \boxed{247}$ $381 - 8 = \boxed{}$ $623 - 5 = \boxed{}$

b) Finde und löse zuerst die kleinen Aufgaben.

$\boxed{11} - \boxed{4} = \boxed{7}$ $\boxed{} - \boxed{} = \boxed{}$ $\boxed{} - \boxed{} = \boxed{}$

$\boxed{31} - \boxed{4} = \boxed{27}$ $\boxed{} - \boxed{} = \boxed{}$ $\boxed{} - \boxed{} = \boxed{}$

$531 - 4 = \boxed{}$ $742 - 7 = \boxed{}$ $478 - 9 = \boxed{}$

---

2 Rechne wie Meral. Löse die Aufgaben in Schritten.

a) Rechne bis zum nächsten Zehner und dann weiter.

$283 - 7 = \boxed{}$ $472 - 6 = \boxed{}$ $595 - 8 = \boxed{}$

$283 - 3 = \boxed{280}$ $\boxed{} - \boxed{} = \boxed{}$ $\boxed{} - \boxed{} = \boxed{}$

$280 - 4 = \boxed{}$ $\boxed{} - \boxed{} = \boxed{}$ $\boxed{} - \boxed{} = \boxed{}$

b) Rechne bis zum nächsten Hunderter und dann weiter.

$503 - 9 = \boxed{}$ $705 - 8 = \boxed{}$ $902 - 6 = \boxed{}$

$503 - 3 = \boxed{500}$ $\boxed{} - \boxed{} = \boxed{}$ $\boxed{} - \boxed{} = \boxed{}$

$500 - 6 = \boxed{}$ $\boxed{} - \boxed{} = \boxed{}$ $\boxed{} - \boxed{} = \boxed{}$

★ Rechenschritte nachvollziehen und anwenden
★ Subtraktionsaufgaben mithilfe verwandter Aufgaben lösen ★ MK: Strukturen erkennen und nutzen ★ Subtraktionsaufgaben in Schritten lösen

$323 - 40 = \square$

Ich ziehe zuerst die Zehner ab und dann die Einer.

$323 - 47 = \square$

Ich ziehe zuerst die Einer ab und dann die Zehner.

Mir helfen die verwandten Aufgaben.

Tim

$120 - 40 = 80$
$320 - 40 = 280$
$323 - 40 = 283$

Lisa

$323 - 47 = 276$
_____
$323 - 40 = 283$
$283 - 7 = 276$

Janek

$323 - 47 = 276$
_____
$323 - 7 = 316$
$316 - 40 = 276$

---

1   Rechne wie Tim.

a) Löse die verwandten Aufgaben.

$170 - 90 = \boxed{80}$	$120 - 50 = \square$	$130 - 80 = \square$
$670 - 90 = \boxed{580}$	$920 - 50 = \square$	$430 - 80 = \square$
$678 - 90 = \boxed{588}$	$922 - 50 = \square$	$435 - 80 = \square$

b) Finde und löse zuerst die kleinen Aufgaben.

$\boxed{140} - \boxed{60} = \boxed{80}$	$\square - \square = \square$	$\square - \square = \square$
$\boxed{340} - \boxed{60} = \boxed{280}$	$\square - \square = \square$	$\square - \square = \square$
$343 - 60 = \square$	$819 - 40 = \square$	$634 - 70 = \square$

2   Löse die Aufgaben in Schritten. Rechne wie Lisa oder Janek.

a) Löse die Aufgaben ohne Zehnerüberschreitung.

$435 - 52 = \square$	$629 - 67 = \square$	$848 - 75 = \square$
$435 - \square = \square$	$\square - \square = \square$	$\square - \square = \square$
$\square - \square = \square$	$\square - \square = \square$	$\square - \square = \square$

b) Löse die Aufgaben mit Zehnerüberschreitung.

$536 - 88 = \square$	$322 - 36 = \square$	$241 - 64 = \square$
$\square - \square = \square$	$\square - \square = \square$	$\square - \square = \square$
$\square - \square = \square$	$\square - \square = \square$	$\square - \square = \square$

★ Rechenschritte nachvollziehen und anwenden
★ Subtraktionsaufgaben mithilfe verwandter Aufgaben lösen ★ MK: Strukturen
erkennen und nutzen ★ Subtraktionsaufgaben in Schritten lösen

ÜH 18   AH 22   51

$$623 - 240 = \boxed{}$$

Ich nehme zuerst die **Hunderter** weg und dann die **Zehner**.

Patrick

$$623 - 240 = 383$$

$$623 - 200 = 423$$
$$423 - 40 = 383$$

Lena

Ich nehme zuerst die **Zehner** weg und dann die **Hunderter**.

$$623 - 240 = 383$$

$$623 - 40 = 583$$
$$583 - 200 = 383$$

---

1 Wie rechnest du die Aufgabe 623 – 240?
Vergleiche mit anderen Kindern.

2 Löse die Aufgaben.
Stelle deine Rechenschritte am Rechenstrich dar und schreibe sie auf.

a)
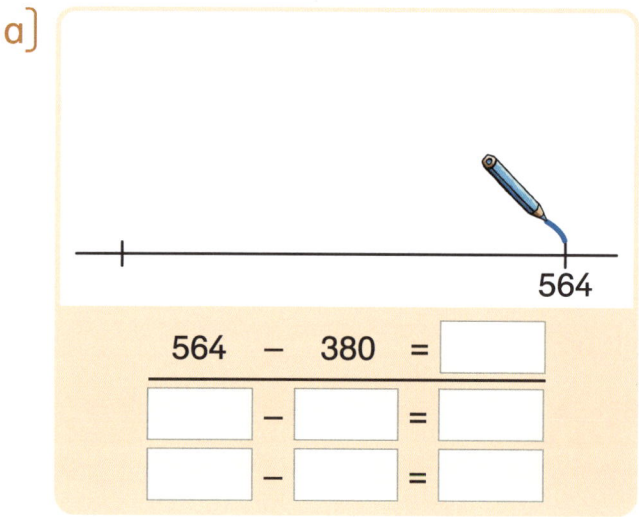

564

$$564 - 380 = \boxed{}$$
$$\boxed{} - \boxed{} = \boxed{}$$
$$\boxed{} - \boxed{} = \boxed{}$$

b)
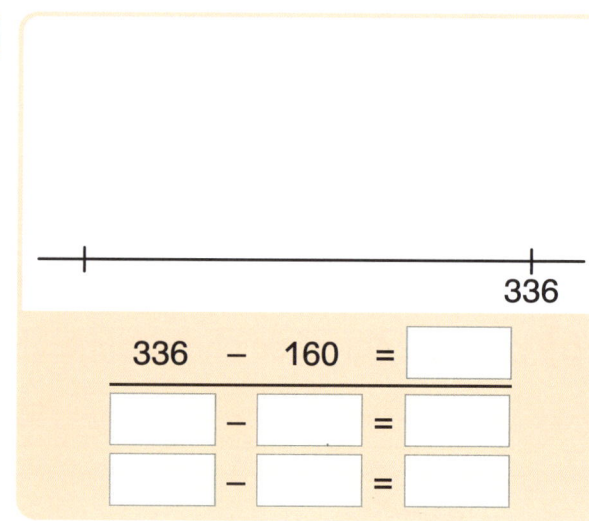

336

$$336 - 160 = \boxed{}$$
$$\boxed{} - \boxed{} = \boxed{}$$
$$\boxed{} - \boxed{} = \boxed{}$$

3 Löse die Aufgaben in deinem Heft.
Schreibe deine Rechenschritte auf oder stelle sie am Rechenstrich dar.

a) $853 - 690 = \boxed{}$

b) $639 - 380 = \boxed{}$

c) $608 - 150 = \boxed{}$

d) $435 - 370 = \boxed{}$

Seite 52 Aufgabe 3
a) ...

AH 23   ÜH 19

★ SF: Rechenschritte nachvollziehen, beschreiben und vergleichen
★ den eigenen Rechenweg beim Lösen von Aufgaben anwenden, am Rechenstrich zeichnen und notieren

$$324 - 216 = \square$$

-216
-6 -10 -200
108 114 124 324

324 - 216 = 108
324 - 200 = 124
124 - 10 = 114
114 - 6 = 108

Ich nehme zuerst die Hunderter weg, dann die Zehner und zum Schluss die Einer.

Sofie

Tobi

-216
-200 -10 -6
108 308 318 324

324 - 216 = 108
324 - 6 = 318
318 - 10 = 308
308 - 200 = 108

Ich nehme zuerst die Einer weg, dann die Zehner und zum Schluss die Hunderter.

1 Wie rechnest du die Aufgabe 324 - 216?
Vergleiche mit anderen Kindern.

2 Löse die Aufgaben.
Stelle deine Rechenschritte am Rechenstrich dar und schreibe sie auf.

a)
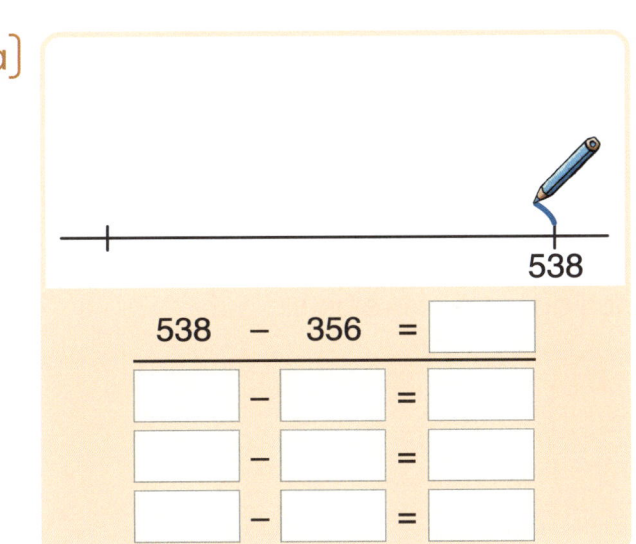

538

538 - 356 = ☐

☐ - ☐ = ☐
☐ - ☐ = ☐
☐ - ☐ = ☐

b)
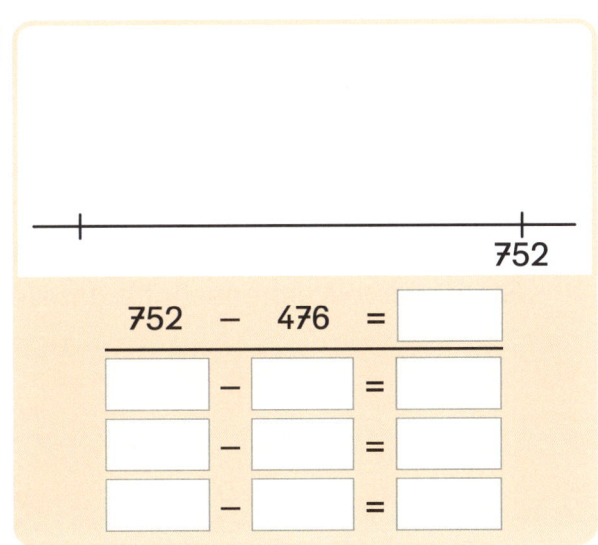

752

752 - 476 = ☐

☐ - ☐ = ☐
☐ - ☐ = ☐
☐ - ☐ = ☐

3 Löse die Aufgaben in deinem Heft.
Schreibe deine Rechenschritte auf oder stelle sie am Rechenstrich dar.

a) 543 - 472 = ☐

b) 426 - 252 = ☐

c) 617 - 249 = ☐

d) 945 - 687 = ☐

Seite 53 Aufgabe 3
a) ...

★ SF: Rechenschritte nachvollziehen, beschreiben und vergleichen
★ den eigenen Rechenweg beim Lösen von Aufgaben anwenden, am Rechenstrich zeichnen bzw. notieren

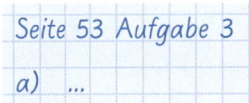

D 17   AH 24   **53**

1 Löse die Aufgaben.
Stelle deine Rechenschritte am Rechenstrich dar und schreibe sie auf.

a)

728

$728 - 350 = \boxed{}$

$728 - \boxed{} = \boxed{}$

$\boxed{} - \boxed{} = \boxed{}$

b)

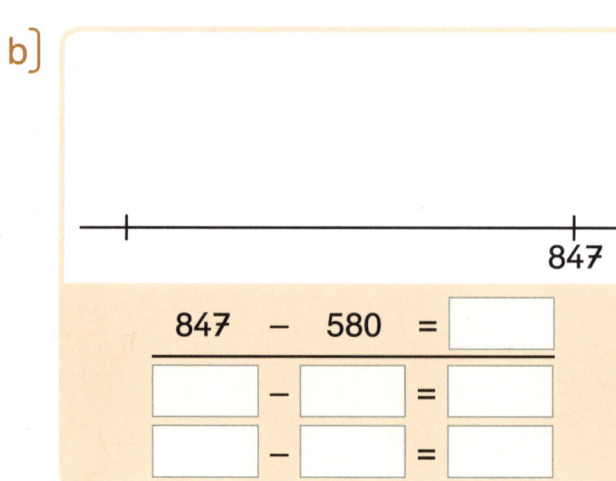

847

$847 - 580 = \boxed{}$

$\boxed{} - \boxed{} = \boxed{}$

$\boxed{} - \boxed{} = \boxed{}$

c)

963

$963 - 480 = \boxed{}$

$\boxed{} - \boxed{} = \boxed{}$

$\boxed{} - \boxed{} = \boxed{}$

d)

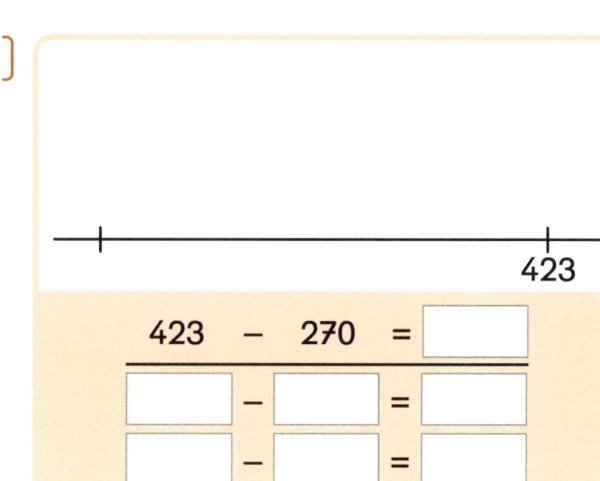

423

$423 - 270 = \boxed{}$

$\boxed{} - \boxed{} = \boxed{}$

$\boxed{} - \boxed{} = \boxed{}$

2 Löse die Aufgaben.
Stelle deine Rechenschritte am Rechenstrich dar und schreibe sie auf.

a)

316

$316 - 167 = \boxed{}$

$\boxed{} - \boxed{} = \boxed{}$

$\boxed{} - \boxed{} = \boxed{}$

$\boxed{} - \boxed{} = \boxed{}$

b)

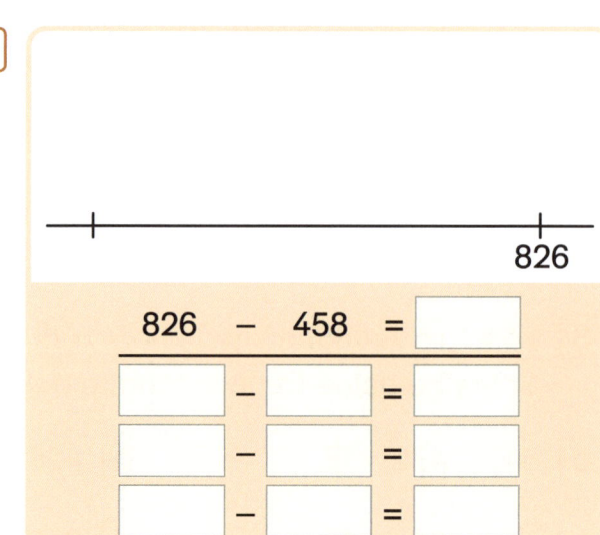

826

$826 - 458 = \boxed{}$

$\boxed{} - \boxed{} = \boxed{}$

$\boxed{} - \boxed{} = \boxed{}$

$\boxed{} - \boxed{} = \boxed{}$

★ den eigenen Rechenweg beim Lösen von Aufgaben anwenden, am Rechenstrich zeichnen und notieren

1 Löse die Aufgaben. Rechne mit deinen Rechenschritten im Kopf.
Kontrolliere die Ergebnisse. Die Lösungszahlen findest du in den Sternen.

a)
523 – 60 = 463
257 – 80 =
708 – 30 =

b)
360 – 74 =
940 – 82 =
620 – 56 =

c)
247 – 65 =
628 – 83 =
161 – 96 =

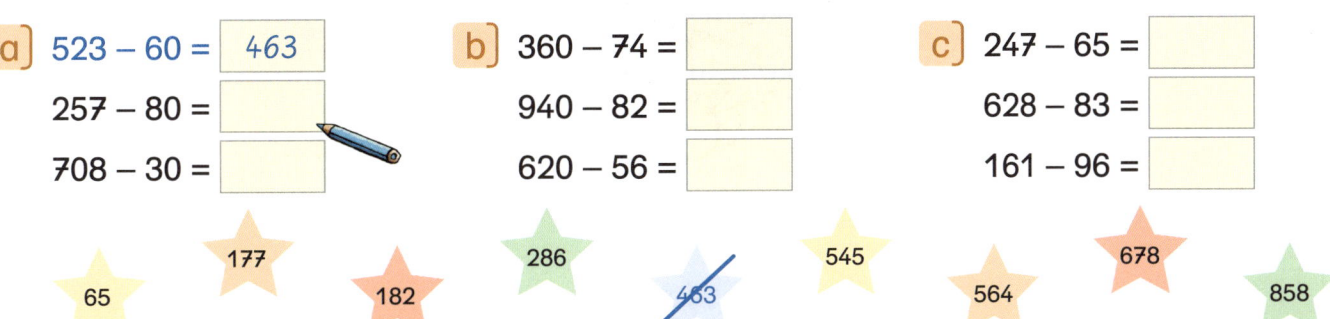

⭐ 177   ⭐ 286   ⭐ 545   ⭐ 678
⭐ 65   ⭐ 182   ⭐ 4̶6̶3̶   ⭐ 564   ⭐ 858

2 Löse die Aufgaben. Rechne mit deinen Rechenschritten im Kopf.
Kontrolliere die Ergebnisse. Die Lösungszahlen findest du in den Sternen.

a)
560 – 180 = 380
440 – 290 =
720 – 460 =

b)
927 – 640 =
638 – 350 =
341 – 280 =

c)
1000 – 530 =
1000 – 371 =
1000 – 827 =

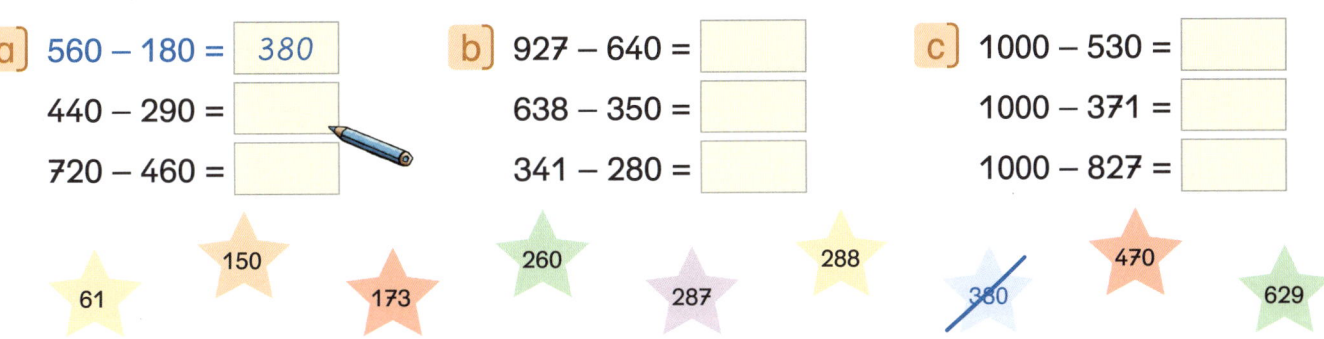

⭐ 150   ⭐ 260   ⭐ 288   ⭐ 470
⭐ 61   ⭐ 173   ⭐ 287   ⭐ 3̶8̶0̶   ⭐ 629

3 Löse die Aufgaben und setze die Aufgabenreihen fort.

a)
773 – 280 = 493
763 – 270 =
753 – 260 =
___ – ___ = ___
___ – ___ = ___

b)
844 – 650 =
854 – 660 =
864 – 670 =
___ – ___ = ___
___ – ___ = ___

4 Beschreibt, wie sich bei den Aufgabenreihen
in Aufgabe **3** die erste Zahl, die zweite Zahl
und das Ergebnis verändern.

Seite 55 Aufgabe 4
a)   Die erste Zahl ...
...

5 Bilde selbst eine Aufgabenreihe.
Bitte ein anderes Kind, diese fortzusetzen.

Seite 55 Aufgabe 5
...

★ Aufgaben mit den eigenen Rechenschritten im Kopf lösen, Ergebnisse kontrollieren
★ **MK/SF:** Aufgabenreihen fortsetzen und lösen, Struktur erkennen und beschreiben
★ selbst eine Aufgabenreihe bilden

55

Ich kontrolliere mit der **Umkehraufgabe.**

$262 + 180 = 442,$
denn
$442 - 180 = 262$

$623 - 250 = 373,$
denn
$373 + 250 = 623$

---

1 Schreibe Aufgabe und Umkehraufgabe mit Ergebnis auf.

a)

$630 \xrightarrow{+ 250} \xleftarrow{- 250}$ ☐

| 630 | + | 250 | = | 880 |
| 880 | − | 250 | = | 630 |

$432 \xrightarrow{+ 340} \xleftarrow{- 340}$ ☐

☐ + ☐ = ☐
☐ − ☐ = ☐

b)

$490 \xrightarrow{- 260} \xleftarrow{+ 260}$ ☐

☐ − ☐ = ☐
☐ + ☐ = ☐

$365 \xrightarrow{- 250} \xleftarrow{+ 250}$ ☐

☐ − ☐ = ☐
☐ + ☐ = ☐

---

2 Löse die Aufgaben. Kontrolliere jedes Ergebnis mit der Umkehraufgabe.

a)

$480 + 260 =$ 740 ,
denn

| 740 | − | 260 | = | 480 |

$336 + 550 =$ ☐ ,
denn

☐ − ☐ = ☐

b)

$530 - 180 =$ ☐ ,
denn

☐ + ☐ = ☐

$791 - 430 =$ ☐ ,
denn

☐ + ☐ = ☐

c)

$365 + 270 =$ ☐ ,
denn

☐ ◯ ☐ = ☐

$912 - 350 =$ ☐ ,
denn

☐ ◯ ☐ = ☐

★ Aufgaben und Umkehraufgaben ablesen und lösen
★ Additions- und Subtraktionsaufgaben lösen und Ergebnisse mithilfe der Umkehraufgabe kontrollieren

$$580 + \boxed{} = 720$$

$$810 - \boxed{} = 650$$

Ich ergänze zum nächsten Hunderter und dann weiter.

Ich rechne zum nächsten Hunderter und dann weiter.

Ich nutze die Umkehraufgabe und ergänze.

Lisa — Ole — Lena

$$580 + \boxed{140} = 720 \qquad 810 - \boxed{160} = 650 \qquad 810 - \boxed{160} = 650$$

---

1 Löse die Aufgaben mit deinem Weg.
Stelle deine Rechenschritte am Rechenstrich dar.

a)
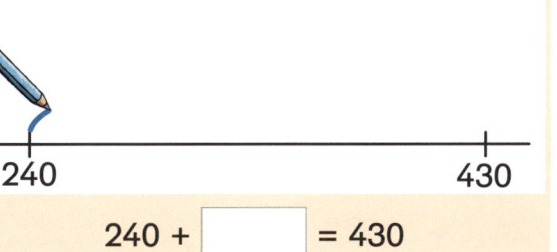

$$240 + \boxed{} = 430$$

b)
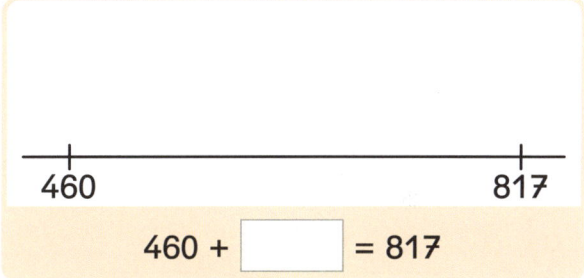

$$460 + \boxed{} = 817$$

c)
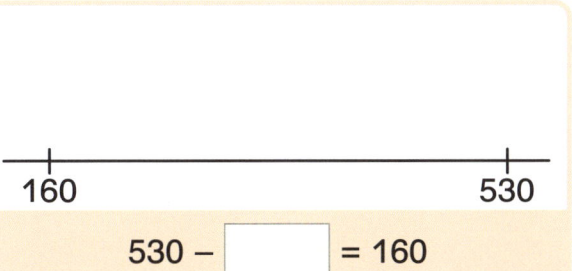

$$530 - \boxed{} = 160$$

d)
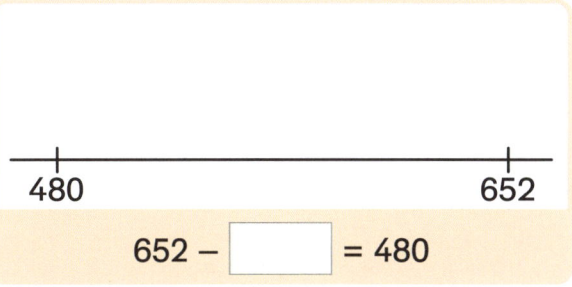

$$652 - \boxed{} = 480$$

e)
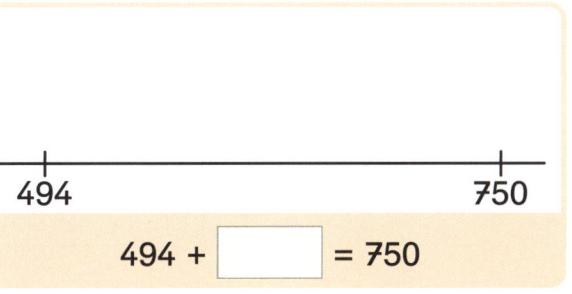

$$494 + \boxed{} = 750$$

f)
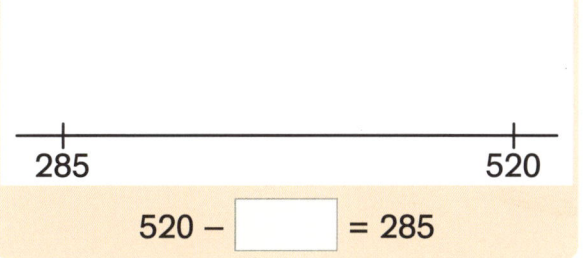

$$520 - \boxed{} = 285$$

★ Rechenschritte nachvollziehen und anwenden
★ Platzhalteraufgaben lösen, Rechenschritte am Rechenstrich darstellen

Ich rechne ganz einfach mit Hunderterzahlen.

347 + 298 = 645

347 + 300 = 647
647 − 2 = 645

763 − 497 = 266

763 − 500 = 263
263 + 3 = 266

---

1 Rechne Plusaufgaben in Schritten mit Hunderterzahlen.

a) 268 + 197 = ☐

268 + 200 = 468
468 − 3 = 465

b) 435 + 299 = ☐

☐ + ☐ = ☐
☐ − ☐ = ☐

c) 225 + 298 = ☐

☐ + ☐ = ☐
☐ − ☐ = ☐

d) 645 + 199 = ☐

☐ + ☐ = ☐
☐ − ☐ = ☐

---

2 Rechne Minusaufgaben in Schritten mit Hunderterzahlen.

a) 664 − 398 = ☐

664 − 400 = 264
264 + 2 = 266

b) 725 − 598 = ☐

☐ − ☐ = ☐
☐ + ☐ = ☐

c) 852 − 297 = ☐

☐ − ☐ = ☐
☐ + ☐ = ☐

d) 615 − 599 = ☐

☐ − ☐ = ☐
☐ + ☐ = ☐

---

3 Rechne in Schritten mit Hunderterzahlen.

a) 128 + 297 = ☐

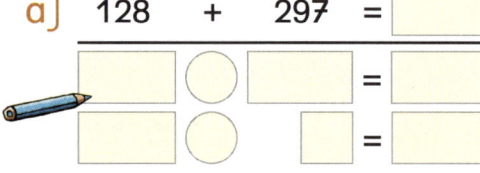

☐ ◯ ☐ = ☐
☐ ◯ ☐ = ☐

b) 563 − 298 = ☐

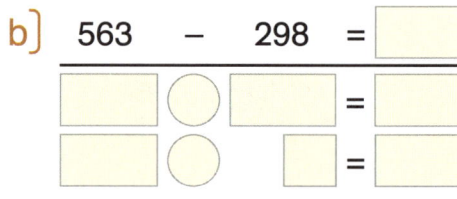

☐ ◯ ☐ = ☐
☐ ◯ ☐ = ☐

★ Rechenschritte nachvollziehen und anwenden
★ Rechenvorteile erkennen, verstehen und anwenden

Ich rechne ganz einfach mit Zehnerzahlen.

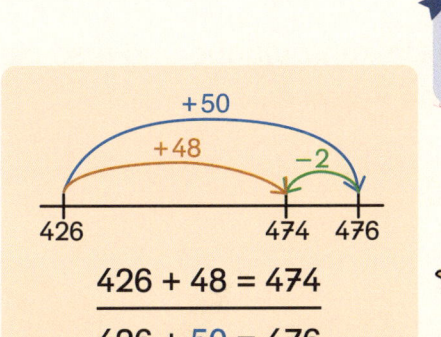

+50
+48
−2
426   474 476

426 + 48 = 474
426 + 50 = 476
476 − 2 = 474

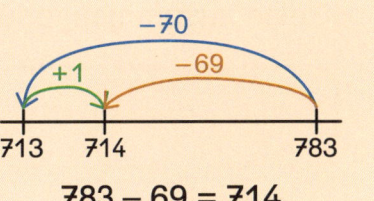

−70
+1   −69
713 714   783

783 − 69 = 714
783 − 70 = 713
713 + 1 = 714

1 Rechne Plusaufgaben in Schritten mit Zehnerzahlen.

a) 248 + 39 = ☐

| 248 | + | 40 | = | 288 |
| 288 | − | 1 | = | 287 |

b) 467 + 28 = ☐

| ☐ | + | ☐ | = | ☐ |
| ☐ | − | ☐ | = | ☐ |

c) 395 + 37 = ☐

| ☐ | + | ☐ | = | ☐ |
| ☐ | − | ☐ | = | ☐ |

d) 636 + 59 = ☐

| ☐ | + | ☐ | = | ☐ |
| ☐ | − | ☐ | = | ☐ |

2 Rechne Minusaufgaben in Schritten mit Zehnerzahlen.

a) 487 − 49 = ☐

| 487 | − | 50 | = | 437 |
| 437 | + | 1 | = | 438 |

b) 578 − 59 = ☐

| ☐ | − | ☐ | = | ☐ |
| ☐ | + | ☐ | = | ☐ |

c) 326 − 58 = ☐

| ☐ | − | ☐ | = | ☐ |
| ☐ | + | ☐ | = | ☐ |

d) 527 − 78 = ☐

| ☐ | − | ☐ | = | ☐ |
| ☐ | + | ☐ | = | ☐ |

3 Rechne in Schritten mit Zehnerzahlen.

a) 874 + 68 = ☐

| ☐ | ◯ | ☐ | = | ☐ |
| ☐ | ◯ | ☐ | = | ☐ |

b) 732 − 79 = ☐

| ☐ | ◯ | ☐ | = | ☐ |
| ☐ | ◯ | ☐ | = | ☐ |

★ Rechenschritte nachvollziehen und anwenden
★ Rechenvorteile erkennen, verstehen und anwenden

1 Löse zuerst die Plusaufgabe. Finde die passende Umkehraufgabe und löse sie.
Kreise zusammengehörige Kärtchen in der gleichen Farbe ein.

345 + 230 = 575

626 − 350 = ☐

537 + 380 = ☐

836 − 440 = ☐

276 + 350 = ☐

575 − 230 = 345

396 + 440 = ☐

917 − 380 = ☐

2 Löse die Platzhalteraufgaben.

a)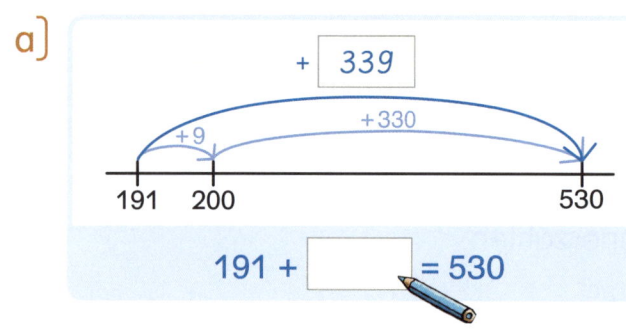

+ 339

+9   +330

191 200   530

191 + ☐ = 530

b)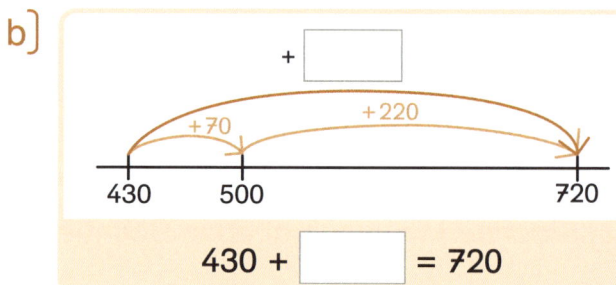

+ ☐

+70   +220

430 500   720

430 + ☐ = 720

c)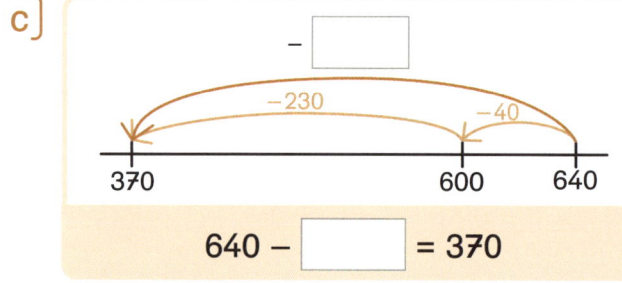

− ☐

−230   −40

370   600 640

640 − ☐ = 370

d)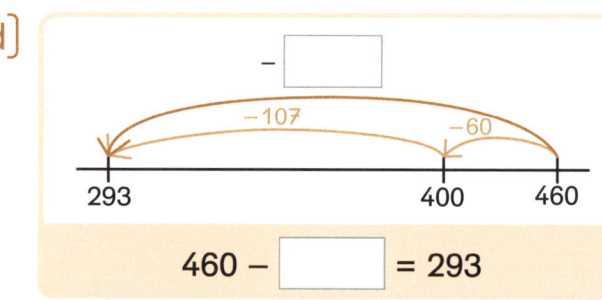

− ☐

−107   −60

293   400 460

460 − ☐ = 293

3 Rechne geschickt. Schreibe deine Rechenschritte auf.

a) 357 + 298 = ☐

☐ + ☐ = ☐

☐ − ☐ = ☐

b) 713 − 195 = ☐

☐ − ☐ = ☐

☐ + ☐ = ☐

★ Additionsaufgaben lösen, Umkehraufgaben zuordnen ★ bei Platzhalteraufgaben
die zu ergänzende Zahl identifizieren ★ Aufgaben geschickt lösen, Rechenweg notieren

Sprechen wie die Mathematiker:
Plus rechnen heißt **addieren**.
Das Ergebnis heißt **Summe**.
Minus rechnen heißt **subtrahieren**.
Das Ergebnis heißt **Differenz**.

addieren ➕
subtrahieren ➖

1 Finde die passende Aufgabe und löse sie.

Addiere
410 und 270.

Mai-Lin

☐ ◯ ☐ = ☐

Bilde die Summe aus
370 und 181.

Max

☐ ◯ ☐ = ☐

Subtrahiere von 720
die Zahl 460.

Patrick

☐ ◯ ☐ = ☐

Bilde die Differenz
von 566 und 240.

Lea

☐ ◯ ☐ = ☐

2 Verbinde die passenden Kärtchen.
Löse die Aufgaben.

340 + 580 = ☐

Subtrahiere 340 von 580.

☐ − 340 = 580

Addiere 340 und 580.

Wenn du von deiner
Zahl 340 subtrahierst,
erhältst du 580.

580 − 340 = ☐

Wenn du zu deiner
Zahl 340 addierst,
erhältst du 580.

☐ + 340 = 580

★ **SF**: Begriffe „addieren", „subtrahieren", „Summe" und „Differenz" kennenlernen
★ **SF**: Fachbegriffe bei der Lösung von Zahlenrätseln anwenden

 D 19   AH 25   **61**

1 Löse die Zahlenrätsel.
Schreibe deine Rechenschritte auf oder stelle sie am Rechenstrich dar.

Maja: Meine Zahl erhältst du, wenn du die Differenz von 725 und 250 bildest.

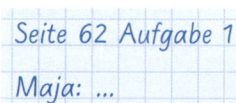
Seite 62 Aufgabe 1

Maja: ...

Tim: Meine Zahl erhältst du, wenn du die Summe aus 567 und 123 bildest.

Ole: Meine Zahl erhältst du, wenn du 120 und 396 addierst und dann 236 subtrahierst.

Meral: Wenn ich zu meiner Zahl 720 addiere, erhalte ich 1000.

Janek: Wenn ich von meiner Zahl 270 subtrahiere, erhalte ich 330.

2 Löse die Aufgaben. Ergänze den Text zur Rechnung.
Verwende die Fachbegriffe.

a)
$282 + 160 = \boxed{}$

_____ 282 und 160.

Die _____ ist $\boxed{}$.

b)
$325 - 150 = \boxed{}$

_____ 150 von 325.

Die _____ ist $\boxed{}$.

3 Erfinde selbst Zahlenrätsel.
Stelle sie in der Klasse vor.

Seite 62 Aufgabe 3

...

addieren

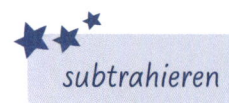
subtrahieren

Summe

Differenz

★ **SF:** Zahlenrätsel lösen und Rechenschritte darstellen ★ **SF:** Fachbegriffe beim Ergänzen von Zahlenrätseln anwenden ★ **SF:** eigene Zahlenrätsel unter Anwendung der Fachbegriffe erfinden und präsentieren

Einstern *leicht gemacht* **3**

Themenheft 1

★ Die Zahlen bis 1000
★ Addition und Subtraktion im Zahlenraum bis 1000
★ Achsensymmetrie

Erarbeitet von: Roland Bauer und Jutta Maurach

Redaktion: Agnetha Heidtmann, Friederike Thomas, Sophie Yurdakul

Illustration: Yo Rühmer

Umschlaggestaltung: Cornelia Gründer, agentur corngreen, Leipzig

Layout: lernsatz.de

technische Umsetzung: Reemers Publishing Services GmbH

Begleitmaterialien für Lernende der dritten Klasse

Einstern 3 Paket Verbrauchsmaterial 978-3-06-084736-5

Einstern 3 Paket *leicht gemacht*
Verbrauchsmaterial 978-3-06-084742-6

Einstern 3 Arbeitsheft 978-3-06-084759-4

Einstern 3 Übungssternchen 978-3-06-084733-4

Einstern 3 BuchTaucher-App 978-3-06-084764-8

Einstern 3 interaktive Übungen 978-3-06-084769-3

www.cornelsen.de

1. Auflage, 2. Druck 2022

Alle Drucke dieser Auflage sind inhaltlich unverändert
und können im Unterricht nebeneinander verwendet werden.

© 2022 Cornelsen Verlag GmbH, Berlin

Druck: Athesiadruck GmbH

ISBN 978-3-06-084723-5

Vorschläge für Plenumsphasen zum vertiefenden Erwerb prozessbezogener Kompetenzen

S. 4	Kinder stellen Beispiele für große Zahlen in ihrer Umgebung vor und beschreiben, was sie bedeuten
S. 6	Kinder erkennen und beschreiben Zusammenhänge zwischen einzelnen Teilen des Mehrsystemmaterials (Würfeln, Stangen, Platten und Block)
S. 10	Kinder beschreiben mathematische Beziehungen und Zusammenhänge in der Stellentafel
S. 12	Kinder stellen ihre Vorgehensweise beim Schätzen vor, vergleichen und bewerten diese
S. 14	Kinder beschreiben den Aufbau und die Strukturen in der Tausendertafel
S. 28/32	Kinder beschreiben ihr Vorgehen beim Legen und Rechnen der Aufgaben in Schritten
S. 39	Kinder beschreiben ihre Erfahrungen mit dem Doppelspiegel in Abhängigkeit von der Position der beiden Spiegel
S. 40	Kinder beschreiben die Eigenschaft „achsensymmetrisch" an ausgewählten Beispielen
S. 45/51	Kinder stellen ihre Rechenwege vor; sie vergleichen ihre Beschreibungen und benennen Kriterien guter Beschreibungen
S. 46/52	Kinder beschreiben an Beispielen ihre Rechenschritte und vergleichen unterschiedliche Vorgehensweisen
S. 58/59	Kinder beschreiben, vergleichen und bewerten unterschiedliche Rechenvorteile
S. 62	Kinder stellen ihre selbst erfundenen Zahlenrätsel vor und überprüfen diese auf Plausibilität

Vorschläge für die Förderung von Medienkompetenz

S. 10	Kinder erstellen am PC mithilfe der Tabellenfunktion in einem Schreibprogramm eine eigene Stellentafel und speichern diese; sie drucken die Stellentafel aus und legen und verändern dort Zahlen mit Beilagenplättchen
S. 11	Kinder legen und verändern an der eigenen digitalen Stellentafel Zahlen mithilfe der Zeichenfunktion im Schreibprogramm
S. 17/61/62	Kinder erstellen eine (digitale) Sammlung/ein Buch für die Klasse mit selbst verfassten Zahlenrätseln
S. 24	Kinder suchen dreistellige Zahlen auf verschiedenen Tastaturen
S. 41/42	Kinder recherchieren im Internet nach Möglichkeiten, an Figuren Symmetrieachsen einzuzeichnen und Figuren symmetrisch zu ergänzen, und nutzen diese Tools
S. 61	Kinder erstellen eine Merktafel zu Fachbegriffen der Addition und Subtraktion

Synopse zu den Medienkompetenzbereichen

Suchen, Verarbeiten und Aufbewahren	S. 4, 10, 11, 17, 24, 36, 37, 61, 62
Produzieren und Präsentieren	S. 4, 10, 17, 61, 62
Problemlösen und Handeln	S. 11, 23, 27, 31, 35, 41, 42, 44, 45, 49, 50, 51, 55